My LOGBOOK
航空日誌

海外広告・機内誌メディア
40 年の軌跡

阪上弘仁
sakagami hirohito

創英社／三省堂書店

この本は、一介の飛行機（航空機）好きの自分史であり、旅日記であると共に、小規模ながら海外広告業界のベンチュア企業を指向したインターマート（株）の歴史です。

もくじ

(1) 海外広告揺籃期

悲惨な戦争が終わり、戦後の混乱期から数年経ってようやく日本再構築が始まろうとしていた。貿易振興が盛んに叫ばれ始めた時代である。そんな時、大学では国際政治学を学んでいて何となく新聞記者かジャーナリストにでもなりたいなあ、と思っていた。が、新聞社や出版社の入社試験にはことごとく失敗した。就職難の時代だったと思う。

巷では、第一回日本レコード大賞を受章した、水原弘が歌う、永六輔作詞・中村八大作曲の「黒い花びら」が流れていた。

1959年、大学を出て巡り合ったのがUPS（Universal Press Service, Inc.）である。本社は東京銀座にあり、大阪の曽根崎新地に支局がある。日本商品を外国に輸出するために、その販売促進の広告活動を現地にて実施する、すなわち現地の新聞や雑誌に日本商品の広告を掲載する業務を専門とする広告代理店で、我が国でその草分け的存在がUPSだった。社長（周立群氏）が華僑だったので東南アジア各地に友人・知人を配置していて、そのネットワークは『宇宙報業有限公司』と称していた。この頃にすればまさに気宇壮大な命名であろう。

アジアの支店は台湾、香港、ベトナム、タイ、シンガポールなどにあり、毎月現地から送られてくる新聞など広告媒体の資料、サンプルはぼくが勤めるUPS大阪支局にも山と積まれていた。

ジャーナリスト志望が広告業になってしまったが、未知の外国の新聞をじかに手に取って触れて見ることができるこの仕事に本心から惚れてしまった。そしてそれから猛勉強が始まったのである。世界に何か国あるのか知らないが、とにかくここにあるものはすべて憶えてやろうと思った。

一方、周社長の経営方針はえげつないものだった（戦後間もない当時ならそれも当たり前で通っていたのだろうが）、新入りの社員はすべて新規開拓の営業セールスで、何んか月か経つと殆んどの新人は辞めてしまう。ぼくの同期の営業社員は10人いたが3カ月で全員いなくなっていた。清水大阪支局長に見る目があったのかどうか、「君は既存の俺の得意先の営業助手をやりながら媒体資料係をしろ」と命じられたので助かった。毎月各国から郵便小荷物で送られてくる新聞の束は埃にまみれているし臭い。印刷物には機械油がしみこんでいる。特にアジアの各国の新聞には独特な匂いがあり、しばらくすると中を見なくてもこれは香港からだとわかるようになる。たとえばその香港からは「星島日報」や「サウス・チャイナ・モーニング・ポスト」、ベトナムからは「越南日報」、タイからは「ピンタイ」紙、「バンコック・ポスト」、シンガポールの「星州日報」、「ストレイツ・タイムズ」、フィリッピンの「マニラ・タイムズ」、インドの「タイムズ・オブ・インディア」、ケニアの「イースト・アフリカン・スタンダード」、南アフリカからは「ランド・デイリー・メール」などが毎週ぐらいに送られてくる。これらの多くは広告掲載紙だから大切に保存しなければならない。また欧米先進国からもサンプルとして送られてくるものも沢山あった。例えばロンドンの「ザ・タイムス」、パリの「ル・モンド」、「フィガロ」、ストックホルムの「ダーゲンス・ニヘター」、オスロの「アフテン・ポステン」、イタリアの「コリエーレ・デラ・セラ」、ドイツから「フランクフルター・アルゲマイネ」、カナダの「グローブ・アンド・メール」、アメリカから「ニューヨーク・タイムズ」や「シカゴ・トリビューン」、メキシコの「エル・ウニベルサール」、さらに南米コロンビアの古い1887年創刊、「エル・エクスペクタドール」なども時々送られてきた。それに加えてニューズ雑誌や業界誌があるから整理は複雑で、てんやわんやであった。

だがこの時代、他に情報源がなかったのだから、直接世界の情勢が伝わる各国の日刊新聞に接することができたのは誠に幸運であったといえる。ただ語学力が足りなかったことが悔やまれるばかりである。

この時代日本で海外広告 Overseas Advertising（輸出広告 Export Advertising）を取り扱っていた

広告代理店は少なく、UPSは独占企業のようであった。大阪では繊維素材企業が発達していて世界市場を席巻していたし、特にアジア、中近東、アフリカ地区への輸出は盛んで、販売促進として現地の広告媒体への広告出稿が多くなりつつあった。その広告の大半はUPSが扱っていたのである。お得意先は東洋レーヨン、帝国人絹、日本レーヨン、呉羽紡、東邦レーヨン、倉敷レーヨンなどである。当時、日本一の広告代理店電通でも海外媒体の資料に乏しく、何度か大阪電通からの依頼があり資料を提供したことがあった。

全日空の絵ハガキより

日本経済は順調に進展しつつあり、スポーツ界も活溌化し人気を博す時代となっていた。プロ野球で南海ホークス（ぼくは高校時代から熱烈なファンになっている）が杉浦投手の快投で宿敵巨人を4タテして日本一になったり、東京六大学で安藤投手を擁する早稲田が、早慶6連戦で四天王（角谷、三浦、清沢、丹羽と記憶している）投手の慶応を破り優勝した。連日仕事を抜け出してTV観戦に熱中し感動したものだが、いつも清水支局長に叱られていた。

お得意先の帝国人絹が「帝人」へと社名変更するにつき、そのロゴ・マーク設定などに携わったクリエイティブ集団、デザイン・センターや日宣などから10数名が招待された、帝人松山工場見学会2泊旅行があり、海外向け広告関係者としてＵＰＳのぼく一人が加わった。このとき、生まれて初めて飛行機に乗ったのである。すごい爆音、伊丹空港から瀬戸内海上空を飛び松山空港へ。降りてから1時間以上も耳鳴りが消えなかった。しかし、この時、陸や海の難所を苦もなく飛び越えて、あっという間に人や物を運んでくれる飛行機の偉力に心から感動したのだ。道後温泉で三味線入りで賑やかな宴会後、キャバレーに入ると楽団が急遽帝人社歌を演奏したのには驚いた。

この短いＵＰＳ時代に憶えた世界各地の新聞（雑誌少々）の名前や国名、そしてその内容の一部などが、これ以後のぼくの海外広告の話題作りにどれだけ役に立ったかは計り知れない。こんなすばらしい（？）海外広告の実務と研修の道場は当時ＵＰＳをおいて他にはなかったと思う。これはＵＰＳを創業した周社長の先見性と精根の賜ものだと思う。

１９６０年になると、池田勇人内閣の所得倍増計画や貿易自由化、輸出振興の呼び声が高くなり、電機製品、自動車、薬品、化学製品などの輸出が伸び、海外広告業界にも変化の兆しがみえてきた。そして繊維業界中心で世界の後進国（アジアやアフリカ・中近東）に展開するＵＰＳの営業方針と、華僑が社長のＵＰＳの限界が徐々に明らかになってきた。

人生をこの仕事に賭けるならもっと勉強のできる広告代理店に移ることである。折しも世界のトップ広告代理店J・ウォルター・トンプソンと並び称されるマッキャン・エリクソンが日本第2位の博報堂と合弁会社を設立するにあたり社員募集が発表されたので応募した。入社試験は1961年9月、東京千代田区の東京商工会議所で実施され100人を超す応募者から数人が合格した。ぼくはその中に入っていた。大阪勤務を希望したのはぼく一人だけだった。後日、合格者全員10名位が東京の博報堂本社に集合した折、生まれて初めてコカ・コーラなる飲料水を戴いた。何とも渋味のある変な飲み物だなあと思ったことを記憶している。この米国産コークの輸入広告をマッキャンが担当していたのである。大阪事務所は中之島の朝日ビルにあり（後日、フェザービルに移転）ぼくはアシスタント・アカウント・エギュゼクティブ（AAE）となり、東京在の石光AEの下で、ネスレー（ネッスル）やマグレガー製品の輸入広告を担当し、東京から、神戸のネスレー日本法人に対するプレゼンテーションのため石光AEとディレクター（米国人）が来阪した際、一緒にハイヤーで神戸へ直行し、1日がかりの提案説明（総て英語）に従事させられたが、本当に疲れる仕事であった。特に英語の勉強不足を痛感させられた。大学で何をやっていたのか。

マッキャンでの1年は本当にいい勉強になった。広告業務の合理的処理方法や米国式レポート作成方式など、さすがに広告業先進国アメリカから学ぶことは多々あった。この間に結婚したのだが、E

JIA 清水社長と

ＳＳＯ石油が初めて日本に進出し全国各地にガソリン・スタンドを設置する、といった全国紙・全頁広告の準備など新聞社との打合せで多忙な毎日だった。大阪オフィスには米国人エギュゼクティブ３人、日本人２、３人がいて、結局われわれは使い走りか便利屋でしかなかったのだ。ただ英語力だけはすこし上達したようである。

かねてから連絡は取り合っていたのだが、１９６２年になるとＵＰＳは特に東京営業の不振が明らかになり会社存続の危機にあった。そこで、ＵＰＳ大阪支局長・清水史郎氏が独立して海外向広告代理店を発足するということになり、それならばとぼくはマッキャンを辞め、新しい会社の幹部社員として復帰することになった。

社名はＪＩＡ（ジャパン・インターナショナル広告）本社は大阪東区にあり、支社を東京に置く。得意先は以前とほぼ同じで、帝人、クラレ、日レ、東邦レーヨンなど繊維関係が中心で、結局UPSの亜流でしかなかったことになるだろう。しかし、コピーライターにアメリカ人女性、大阪弁のイーデス・ハンソンが加わり、活気に満ちていていた。当時、竹村健一氏とイーデスがTVに出演し英会話教室をやっていてぼくには非常に勉強になったのだ。

1963年3月から5月の2カ月間、南アフリカ・ジョハネバーグでの産業見本市（ランド・イースター・ショウ）でのお得意先の出品応援とJIAの提携広告代理店契約などで、単身で長期出張、その後、東アフリカ、中近東、アジア各国を歴訪し各地での提携広告代理店設置の交渉や媒体資料の収集に努力して帰国した（この訪問記はB5判、70頁の小冊子にまとめてある）。

その後、清水社長の経営のあいまいさや病気などで社員がやる気をなくし業績はふるわなかった。経営方針に関しては何度も清水社長に具申したが何故か殆んど採用されなかった。考え方の違いは明らかであった。JIAの海外媒体社への仕入れ代金支払の遅延は抜き差しならなくなっていたが、経営者でないぼくにはただ歯がゆいばかりであった。売上高に対して社員数が多すぎるのだ。経理部門に4人もいらないだろう。（この時の経験から、後のぼくの会社では経理部門を廃止して48年間社長のぼくが経理をすべて処理しているがべつに支障はない）

1964年3月、大阪東区のJIA受付に赤ら顔で白鬚《ヒゲ》の外人紳士が突然現れた。

「ＨＩＲＯに会いたい。トニーの紹介だ」

南アフリカの一流経済金融誌「フィナンシャル・メール」営業部長のダーク・Ｊ・カーステンズ氏である。実はぼくはジョハネバーグで彼に会えなかったのだ。彼はヨーロッパに出張中であった。彼曰く、フィナンシャル・メールの日本特集号を今年9月に出版する。ヒロ・サカガミを我が社の日本代表に指名するから直《すぐ》に営業活動に入ってもらいたい、と一方的に決めてしまった。トニーとは、ぼくが南ア滞在中色々と面倒をみてくれた南アフリカの提携広告代理店インターナショナル広告社の社長、トニー・ファーマー氏だ。

そして早速ダークと二人で、大阪と東京の南アフリカとの貿易関係が深い企業約１００社を訪問して、日本特集号の説明と広告出稿を依頼して回った。だから東京には1週間ほど出張した。その結果は見事なものであった。１３０頁の別冊特集号内の日本企業の広告は80頁を超えた。この経済雑誌がいかに南アフリカの政治・経済界に強い影響力を保持しているか、そして日本企業が南ア市場をいかに重視しているかがわかる。もちろん南アの現状は、白人中心の社会だがその背後に多数の黒人消費者が存在する。アパルトヘイトは存続するが南ア市場は日本にとってアフリカの中で無視できない主要市場である。

清水社長とはいつも意見が違っていた。

「君の考えは砂上の楼閣だ。そこまで言うなら自分でやったらどうだ」と、突き放されて、退職せざるを得なくなった。

まだ29歳。まだまだ慌てることはない、と一、二ケ月のんびりと自宅の牡丹畑の草とりをしていた。

林久吉氏

その頃、UPS時代からの友人でぼくの英語の先生であったハワイ生まれの林久吉先輩は神戸に本社のある加美乃素本舗（株）貿易部の顧問役であった。貿易部長内田氏は同志社大学の先輩でもあったので、内田氏から「どうだい、よかったらうちの子会社、大阪の神広社（広告代理店）に国際部を設置するから、それを担当したらどうか。うちの海外向広告もやってもらいたい」と、話は決まってしまった。

神広社では特別にデスクを与えられて勤務

したが実際には退屈な毎日だった。輸出先が未だ少ないカミノモトの広告業務はフィリッピンとイタリー向けで片手間にできるし、新規のお得意先はそう簡単には見つからない。これではいかん、と焦りもあって苦悩の毎日であった。今年、長男が生まれ、東京オリンピックも開催されたが、それどころではなかった。何とか海外広告の仕事をものにしたいと念願していた。本格的に海外広告（国際広告）の世界に入るためには世界的権威であるＩＡＡ（International Advertising Association）国際広告協会（本部ニューヨーク）に個人会員として加盟しておいた方がよい、他国の広告関係者、出版社との交渉に便宜性が高いと判断して、諸先輩のコネクションを活用して、電通の島崎千里専務の推薦を得て運よく加入が許可された。１９６４年9月のことである。

メンバー同士は話が通じる。よく中之島にある「タイム」誌や「ニューズウィーク」誌の大阪支社に仕事をさぼって遊びに行っていた。後にタイム日本支社長（在東京）になる橋本郷夫氏とは取引は何もなかったが肝胆相照らす仲となっていた。それが後日、かけがえのない力強い支援となったのだから遊び心も大切なのだ。

まだアメリカの施政下（１９７２年まで）にあった沖縄市場でのカミノモトの広告活動はかなり活溌であった。１９６５年の真夏の10日間、神広社国際部の担当であったぼくは那覇に出張し国際通り（車は右側通行）近くのホテルに陣取って沖縄標識社、沖縄タイムズ、琉球新報社などと折衝しカミノモトの広告活動を支援した。おかげで車でほぼ全島を回った。沖縄戦最後の激戦地、摩文仁の丘にはただ石垣だけが残り索漠としていた。この光景は今も脳裏に焼き付いている。

初めて接待を受けた。アメリカ映画の舞台となった有名料亭「松の下」や国際通りのキャバレーだ。帰りに那覇から福岡に飛び、ハワイ大学出でＪＩＡに入社していた元村君の家に泊めてもらった。元村君と中州のキャバレーにも行った。この当時、キャバレーほど楽しい所はなかったのだ。

神広社は、当時一世を風靡した「カミノモト日曜劇場」というＴＶ番組を一手に扱っていた白光社を母体として発足した国内媒体専門の広告代理店で、国際広告（海外広告）の経験者は役員を含めて誰もいなかった。日本で発行されている「ジャパン・タイムズ」でさえ、英字新聞だということでその折衝はぼくにまかされていた。おかげでジャパン・タイムズ大阪営業課長（のちの支社長）渡辺昭氏とは終生変わらぬ親友となったのである。

東京銀座にあった神広社東京支社には多才な腕利き営業マンが揃っていた。その一人にぼくと同年の高柳正樹氏（早稲田出）がいた。彼があるお得意先から海外広告に関する問合せを受けたのである。「確か大阪本社に国際部ができたと聞いているが」と、飯島重雄東京支社長より電話があり、ではと、直ちにぼくに東京出張の命令が海津社長から発せられた。

高柳氏のお得意先は山水電気だ。パイオニア、トリオと並んで三大オーディオ・メーカーと称される今や飛ぶ鳥を落すが如き優良企業である。当時日本の生活水準が上昇し、3C（カラーテレビ、クーラー、カー）が、3種の神器ともてはやされ急激に普及したが、音響機器（オーディオ）は、マニアを中心にステレオブームを引き起こし、人気を博しつつあった。マイホームで高級音楽を楽しむ人が増加し、3点セットのステレオ装置がよく売れていた。海外向けにはセットではなく、高級コンポーネンツ（音響機器）が主体となる。サンスイ・ブランドは米欧のトップ音響機器メーカーに伍して勝るとも劣らない技術水準にあるが、ようやく世界各地の市場に出回り始めたばかりであり、だからこそ今後の海外戦略（海外広告を含む）が急務となったのである。

高柳氏とサンスイの宣伝部との繋がりは国内宣伝の立場で大変深い。しかし、海外となると少し弱いというのでぼくが呼び出されたのだろうが、この競争の激しい業界のるつぼの中でぼくに何ができるのか、自問自答する毎日であった。優良企業の山水には日本の大手広告代理店各社、とくに博報堂国際局、スタンダード通信社、第一インターナショナルなどが連日押しかけていた。また広告媒体となる出版社側も日本支社、メディア・レップ（海外の広告媒体代表会社）が山水電気・宣伝部にコンタクトを続けていたのである。

そんな状況下、山水宣伝部の茂野課長に神広社を推せんしてくれたのが、世界一の週刊誌「タイム」

の日本支社の橋本氏であった。早稲田出の秀才広告マンの彼は、何故かぼくを少し買ってくれていたのだろう。

急成長企業山水の海外戦略は貿易部が中心となって策定されていて、海外広告は宣伝部を通じて実施されている。

ある日突然ぼくに電話があった。「一度個人的に会って話しましょう」との提案が、山水貿易部門の最高責任者三宅部長からあったのだ。さあ大変。会場をどこにするかだが、若干30歳のぼくに何の経験も知識もない。色々相談の結果、経験豊かな飯島支社長のコネで料亭とクラブを紹介して頂いた。

銀座四丁目「和光」の裏手の小さな料亭だ。緑の樹木が茂っている。落ち着いた和室、小川のせせらぎが聞こえる。二人だけの会談だが、堅苦しい雰囲気はない。三宅部長はざっくばらんな性格で気取りはない。

「これからうちの海外広告を頼みますよ。まかせますからうまくやって下さい」で終わりだった。「ウイスキーはこれに限りますよ」と、大きなタンブラーに氷片を入れて上からサントリー角をじゃばあとかける。あまり料亭向きのお客様ではない。その後、銀座七丁目のクラブに入る。「ランブル」とかいった店で、きらびやかな光線の中、綺麗な女性達に囲まれて、何の話しもない。「こんな所は早く出ましょう」と、三宅部長。こんな接待は苦手のようである。ぼくはもう少しいたかったのだけれど。

山水電気貿易部の三宅部長、河内次長らに提案する海外戦略プレゼンテーション、即ちサンスイ・ブランドの海外広告に関する会議は、ホテルの一室を借り切ったりして連日おこなわれた。この時役に立ったのがマッキャン時代に少し身についたアメリカ式の計画案の作成方法だった。それは市場動向、広告媒体選択、広告原稿（コピー及びデザイン）で、この内、制作部門は、ぼくの永年の友人田村隼人グラフィック・デザイナーが担当し、彼は時折東京にも出張してプレゼンテーションに加わった。急務の広告メディアの選定では、まず各国の電気業界誌、オーディオ専門誌、音楽レコード専門誌を重視して、これらに1頁以上の広告を掲載することに決まった。加えて、数10万人いる在欧・在アジアの駐留米軍人を対象とした広告活動が急務で、専門紙「アーミータイムズ」や、国際誌「タイム」、「ニューズウィーク」のミリタリー版への広告掲載を実施することなどが決まった。

さあそれからが大変である。東京に来て週に一、二度は井之頭線永福町の山水電気本社詣でをするので、ぼくの長期間の「金帰火来」（金曜日に自宅に帰り月か火曜日には東京に来る）はこの頃より始まったようである。週末には宝塚の自宅に帰り、事務処理は夕刻から夜半にかけて東京支社で行う。広告原稿の制作はとりあえず山水宣伝部と小出デザイン事務所が担当することで決着した。

しかし、東京にも国際部員が常時勤務する必要があり、もとＪＩＡでぼくの部下だった三島啓三氏

（関学出）の東京支社入社を認可してもらった。これで一安心だ。

サンスイ・ブランドの輸出地域でアジア・中近東・アフリカは現地販売代理店が主体となって現地での広告活動を行い、広大なアメリカ市場は、既に山水・アメリカ法人（多田社長）が設立されていて、すべての広告活動はアメリカ予算で行われている。ニューヨークの中堅広告代理店フランク・バース社が担当しているが、広告費用の一部である東京本社負担分の送金業務は神広社でぼくの担当となった。だからぼくらが担当する主だった地域はヨーロッパに限定されている。

ヨーロッパは複雑だ。1958年にEECが発足したのだが、大国の英（1973年加盟）・仏・独は常に対立していてまとまりがない。言葉も風習も国ごとに違って一律には扱えない。広告媒体にしても、アメリカのようにSRDS（月刊の広告媒体料金表）1冊あればすべての広告媒体資料が手に入る、というようなものはヨーロッパにはない。個々に手紙を書いて返事をもらうしかないのだ。

1966年12月6日はぼくにとって誠に喜ばしい日だった。会議の席上、山水貿易部の三宅部長、河内次長より正式に「阪上氏を山水電気の海外広告A／Eに任命します」というお墨付を戴いたのだ。より一層元気が出る。A／Eとは、特定の広告主を担当するアドマンで同業種の他社は担当しないのが原則だ。

ところが、神広社本社（大阪）の経営会議はもめにもめていた。連日、夜を徹して会議が開かれていた。東京支社からの報告や、ぼくのレポートによると、今後の山水の売上高が急増し、そして国際部の売上シェアが社内で突出する恐れがあり、国際部の人員補強の要請がすでに山水から出ている、という問題である。神広社としては売上増は誠に結構だが親会社カミノモトとの関係上、人員補強などそれは認められない、と大半の役員の意見である。「阪上君、君には悪いが、山水は神広社としては面倒をみきれない。断って呉れ」と角野営業本部長の結論だった。折角、出張を重ねて売上増進に努力してきたのに、断れとはどうゆうことだ。殊に先日にはぼくはサンスイのＡ／Ｅに指名されているのだ。どうすればいいのか、30歳のぼくの悩みは深まるばかりであった。

東京にはぼくに同情してくれる人がいた。神広社の飯島東京支社長と高柳氏である。三島君を加えて何度も話し合った。青山通りＶＡＮのビルの1階の喫茶店がその密会のアジトだった。「ここは維新の折幕府に謀反する志士のたまり場のような所だな」と、皆んなで笑った。結論は出ていた。「自分でやるしかない」と。

1967年初春、寒い日だった。ぼくは三宅部長をゴルフに誘っていた。快諾していただいていたのにあいにく雨で、ゴルフは中止となった。そこでぼくは急遽電話で確認して阿佐ヶ谷の部長の自宅にお邪魔した。部長はすでにすべてを察しておられたようだ。「ぼくは自分で会社を作り山水さんの仕事を引き継ぎます。ご迷惑はおかけしません」と、神妙に申し入れると、「いいでしょう。われわれ貿易部は神広社とは何の関係もありませんし、社長に会ったこともありません。あなたがやるなら全て任せます。しかし失敗したらお終いですよ」と、笑っておられた。これでやっと一人前の男になったのだ。神広社を辞めた。海津社長（女性）は最後に「あなたも大変ですね」と言っただけだった。それが仕事を断った社長が辞めざるを得なくなった社員に言う言葉か、と思う。

⑵ 海外向広告業インターマート設立

本社を大阪東区の古色蒼然たる伏見ビルに置き、外国の新聞社、出版社との連絡を密にすることに努力し、東京では自分が宿泊する赤坂のアジア会館を拠点として毎週東京に赴いた。とくに神広社時代からの山水の広告出稿をスムーズに引き継がなければならない。そのあたりにはまず抜かりはない。まだ神広社には三島君が残っていて、ぼくとの連絡は密にしている。ぼくの東京の宿舎アジア会館の201号室でわが国海外広告の草分け的存在の宮澤氏がメディア・レップを経営していて、社員には後に中南米一の週刊誌「ヴション・ヴサオ」の日本代表となる三井氏がいた。以後仲の良い友達になった。ちなみに、ぼくの親友「ジャパン・タイムズ」の渡辺氏や「タイム」誌の大木氏も、宮澤門下生である。これからは業界の色々な人と交流を密にしなければならない。

ぼくは31歳になっていた。機は熟したり、1967年7月25日、大阪は天神祭りで半ドン（午前中勤務）の会社が多い。ぼくの会社インターマートはこの日株式会社として正式に登記された。取締役は3人、阪上弘仁、林久吉、田村隼人。英文名intermart, inc.（ドイツ語ではintermarkt, inc.）7月25日はぼくが1959年、23歳で初めて海外広告の仕事に従事した日でもあり、自分の記念日になっている。後日、東京で「タイム」誌の橋本氏に会った時「いい名前ですね。世界市場のど真ん中の意味ですね」とほめてくれた。全くその通りです。

尚、インターマートは創立以来、ずっと土、日休みを実施していて、ささやかながら新しいベンチュア企業を志向したい考えだ。

さっそく我が社に近い、東区伏見町の三和銀行に行って「当座預金口座を開いてください」と頼むと「だめです」と言う。なぜだ！　この頃はまったくお金のことに疎かったのだ。マッキャンにいた時、上司のブザーテ女史が自分の給料の小切手を「現金に換えてきて」といったので銀行に行って「これを現金にしてください」と頼むと「裏書きしてください」と言う。小切手の裏に発行者の名前を書いて出したらハンコが要るという。そんなこと知らないからやむを得ず、発行元の博報堂大阪支社へ持ち込んだら会計部長からえらい怒られた。それまで小切手なんて見たこともなかったのだから。経営者ともなると、その辺の勉強も必修になってくる。それでも近くの神戸銀行北浜支店で、ぼくの力説を支店長が理解してくれたので取引開始、以後その支店長とは山水電気の手形割引などで色々とお世話になり長く付き合っていただいたのだ。

ある日、山水電気の金井専務に呼び出された。貫禄充分、でっぷりした偉丈夫である。「君のことは貿易部の三宅君から聞いている。わが社のためになることなら思いきってやってくれ。文句は言わないが、しかし失敗したら厳罰だぞ。誓約書を書いて出しておけ」と言って応接間を出て行かれた。いよいよ増々責任は重くなる。

神広社から引き継いでインターマートが山水の海外広告を扱い始めた、というニュースはまたたく間に業界に広まった。海外広告（国際広告）業界といっても狭く、国際部門がある大手広告代理店（電通や博報堂など）、海外広告専門の代理店（スタンダード通信社やアジア広告社など）、外国出版社の日本支社（「タイム」や「ニューズウィーク」、「リーダースダイジェスト」など）、外国メディアの日本代表（メディア・レップ）から成り立っているが、他代理店はあの手この手で山水に対する攻勢を強めている。これらの圧力に抵抗して山水の広告出稿窓口・宣伝部の茂野宣伝課長と密に接触し、懐柔策を講じてくれたのが神広社東京支社の飯島重雄氏と高柳正樹氏である。彼らはインターマート発足時の最大の援護者であり、だから今も三人には頭が上がらない。

また、インターマートがサンスイ・ブランドの海外広告を扱い始めたとき、神広社国際部から引き続き「タイム」橋本氏、「ニューズウィーク」太田氏、「ライフ」皆川氏などに色々とお世話になった。彼らの協力がなかったらインターマートの存続は危うかったに違いない。

神広社を辞めて三島君がインターマートに加わったので、東京オフィスをどうにかしなければならない。という訳で渋谷近くの並木橋に四人入れば満室のオフィスを借りた。お隣りの喫茶店「ナウル」からいつも森進一のけだるい歌声がかすかに聞こえる楽しいオフィスだ。ある日、山水の三宅部長がアタッシュケースを抱えて突然ここに来られたときは驚いたが、心から歓迎したのである。二、三カ月後に同じ渋谷で区役所に近い高山ランドビルに引っ越した。かなり広くなり資料やサンプル誌などを置くスペースも取れるようになった。近隣には外国メディアを日本に最初に紹介したといわれているメディア・レップ、バックマイヤー・アソシエイツがオフィスを構えていた。

日本でブームになったステレオ音楽装置といえば3点セットの豪華なものが多いが、外国のオーディオ愛好者向けの機器はいわゆるコンポーネンツで、アンプ、チューナー、レシーバー、ターンテーブル、スピーカーシステムなどからなり、それらを組み合わせて音楽を楽しむ人が多い。メーカーの特徴がよく出るので、例えば、スピーカーならパイオニア、アンプやチューナーならサンスイといった選択ができる。

ヨーロッパでこれらのオーディオ機器を売り込むためには各国、各地の電気機器販売店や楽器店などに商品を陳列することは基本で、各地で適宜開催されるオーディオ展示会に出品して人々にいい音楽を聞かせる必要がある。これらは輸出貿易実務者側の業務だが、われわれ広告企画の立場からは、電機関係専門誌、レコード音楽専門誌などを各国で選択して製品広告を掲載することである。

ＥＣ市場は多岐に亘っている。国ごとに言葉も風習も異なるので、国ごとに広告原稿（特にコピー）は変えなければならない。

例えば、サンスイのための業界誌、専門誌では、イギリスなら英文誌の「ハイファイ・ニューズ」、「グラモフォン」、フランスなら「レヴュー・ド・ソン」（フランス語）、ドイツでは「ハイファイ・ステレオフォニー」（ドイツ語）などに毎月1頁以上の広告を掲載したい。

また一方、商品を売るためには、企業名、ブランド名を売り込んでおく必要がある。これを企業広告というが、そのための広告メディアには一流国際ニューズ誌や経済誌（紙）がある。読者の社会的・経済的地位が高く他に影響を及ぼす人々に読まれているから、広告の訴求力が強い。例えば、米国発行の「タイム」や「ニューズウィーク」、そして「エコノミスト」（イギリス発行）、「ファイナンシャル・タイムズ」（イギリス発行）、「パリマッチ」（フランス発行）、「デア・シュピーゲル」（ドイツ発行）などが企業広告に向いている。アジアで有名なのは「ファー・イースタン・エコノミック・レビュー」（香港発行）だ。

またこの時代、世界のオーディオ製品の好市場は在欧と在アジアの駐留米軍市場だった。当時のミリタリー市場で日本のオーディオ製品は非常に人気があった。その有名ブランドには、アカイ、トリオ＝ケンウッド、ティアック、パイオニア、ソニー、テクニクス（パナソニック）、サンスイなどがあり、その広告媒体としては「アーミータイムズ」、「ポストエクスチェンジ」などの専門メディアがあり、また「タイム」、「ニューズウィーク」のミリタリー版に加えて、1966年6月、アジア版（東京で印刷）を創設した米国の「ライフ」誌もミリタリー市場に参入している。

広告出稿実施の際、日本に支社や媒体代表（レップ）のある有力メディアなら資料入手、広告掲載手続は容易だが、遠く離れたヨーロッパ各地にある新聞・雑誌などとの接触はそう簡単ではない。ましてや市場調査、市場動向、現地での販売関係者とのコンタクトは、日本に居ては何もできそうにない。

ではどうするか。一つの方策はヨーロッパの広告代理店と提携することである。しかし、ヨーロッパのEC市場では英、独、仏の大国がお互いに主導権を競っているので、ここは避けた方がよいと思う。例えば、フランスの広告代理店だとドイツ市場に弱いだろうし、その逆もまたしかりである。

ならば、仏・独・ベルギー三国に囲まれた小国、ルクセンブルグ大公国はどうだろうか、と考えついた。ぼくはさっそくIAAの会員名簿を繰ってみて驚いた、が、また小躍りしたのである。いるではないかIAAメンバーが。それもルクセンブルグでたった一人、名前はギー・ビンスフェルド氏だ。

彼の会社名はアンテルピュブリシテ（interpublicité, s. a.）、わが intermart, inc. とそっくりである。ぼくは独力で、徹夜して、精神統一して作成した英文の親書を送った。

ビンスフェルド氏はびっくりしただろうと思う。

欧米との大戦に敗れた極東の小国日本は、今や経済復興は著しいといえども、未だ世界に認められる先進国とはいえない。その日本の弱小企業がＥＣ市場に橋頭堡を築こうとしている。歴史、民族、習慣の違う未知の異国からの申し入れにルクセンブルグの人々はいささか驚いたが、また大いに興味をかき立てられたのであろう。「大歓迎です。ぜひお会いして話し合いたい」と嬉しい返信が届いたのである。

後日、このことを山水の三宅部長に話したら「いいでしょう。ルクセンブルグには山水専属で在欧米軍市場販売の総代理ユーロテックス本社（社長マイケル・シェン氏）があり、現在日本から貿易部の西尾君が長期駐在しているので好都合でしょう」と、前向きな回答を得た。

「しかし問題はありますよ。ルクセンブルグ人は元々古代ケルト族の一部らしいが、古代後半からゲルマン族やラテン人の侵略を度々受けて混血した民族で、穏やかで柔和の人が多い。だから仏・独など大国を含むＥＣ市場をカバーするだけの積極性がルクセンブルグ人にあるかどうか疑問ですよ」と、警告される。

しかし、とにかくやってみないと。金も人脈もないぼくにとってこれ以上に今やれることは限られている。サントリー（寿屋）の創業者鳥井さんのように「やってみなはれ」の心境だ。この頃巷に流れる坂本九の「上を向いて歩こう」や村田英雄の「王将」の気分であった。

愈々世界に羽ばたく時がきた。このルクセンブルグのアンテルピュブリシテとの提携契約と、未知で複雑なヨーロッパを見聞する最初の旅、単独出張旅行が始まるのだ。今回はすでにサンスイ・オーディオの販売網が作られているアメリカにも渡り、米国のマーケティング活動の中心にいる広告代理店フランク・バース社を視察するなど4週間の世界一周旅行となる。

インターマートは信頼する三島君以下四名のスタッフに後を託し、久し振りで羽田空港（HND）を飛び立ったのは、1968年6月7日の夕刻8時だった。飛行機はあの懐かしいDC8、1963年にアフリカ・アジアに出張した折、なんども夜間飛行をした花形ジェット機である。フライトはSASスカンジナビア航空、SK988便、米アンカレッジ（ANC）で給油してデンマークの首都コペンハーゲン（空港都市略字CPH）に向かう。このフライトは32歳のぼくのこれ以後（46年間）1600回を超える外国出張旅行の嚆矢となったので、記憶に新しい。

羽田を出て8時間ほど、爆音に悩まされて眠ることしばし、米国アラスカ州のアンカレッジ空港に到着した。この空港には日本から欧州に向かう便と、欧州から帰り日本に向かう便がほぼ同時に到着するので、英国航空やルフトハンザや日本航空などの乗客で待合いターミナルは満杯になる。だからここにある米国の免税店デューティフリー・ショップは盛況だ。1時間経って再び飛び立つとほぼ8時間で、コペンハーゲン・カーストラップ空港（CPH）に到着する。中央道路をはさんで左右3席ずつの狭い機内では、ビール、ワイン付の夕食と到着前には温かいオムレツ朝食が出る。その間にもデンマーク特有の黒パンの上にキャビアやハムや野菜が山盛のオープンサンドイッチが供される。これは特に旨い。ワインやビールは飲み放題だ。ビールはデンマーク特産のツボルグだった。

翌6月8日早朝5時40分に到着したが、コペンハーゲンはかなり寒い。そしてまだ薄暗くて小雨模様である。空港バスで市内中心部に向かう。市庁舎の真ん前にあるパレス・ホテルがぼくが最初にヨーロッパで寝ることになる宿舎だ。古い建物だが石造りの伝統的な高級ホテルである。ここでは特別ビジネス・コンタクトはないので、ただのんびりと有名な歩行者専用ショッピング通りストロイエを歩く。この道は暗い感じの古い建物群を通り抜けて港に通じている。途中に政府の庁舎があったりして、初めて見るヨーロッパの長い歴史とその威厳さを強く印象づけられた。

デンマークは、大小さまざまな島々から成る小国だが、緯度が高く、もうこの頃から白夜である。

夜でも暗くならないのでぶ厚いカーテンを引いて寝ることになった。

翌朝10時発のＳＡＳ機でアムステルダムに飛ぶ、飛行機は小型で優秀なＤＣ９。1時間の快適フライト。可愛いステュワーデスが笑顔で軽快にサービスをする。「新聞をくれ」というと「ソーリー・ノーイングリッシュ・ペーパー、サー」だと。ここはヨーロッパ大陸なのだ。

飛行機からのヨーロッパの俯瞰はすばらしいの一言に尽きる。青い海と緑の島々が雲間から見え、萌黄色の平原と灰色でうねうねと流れる川のコントラストは実に愉快だ。

アムステルダム・スキポール空港（ＡＭＳ）に着いた。この空港の広さ、便利さは聞きしに勝る。さすがに商業都市アムステルダムである。今夜のうちにブリュッセルに飛ぶので荷物を一時預けに置き、市の中心までＫＬＭバスで、国立博物館前公園に着く。さあ今日もフリーだと喜んでみたものの、ちょうど時差ボケが出て行動が鈍くなった。それでもあちらこちら歩き、電器店を見て回った。オーディオ製品のブランドでは、マッキントッシュ、シャーウッド、ウーハー、ブラウン、フィッシャーと並んで、サンヨー、ソニー、シャープは見たが、サンスイは見つからなかった。くたびれもうけであった。

午後、アムス（ＡＭＳ）からブリュッセル（ＢＲＵ）へ。ＫＬＭでたったの30分だ。泊まりは超古風なホテル・セントラール。エレベーターの扉はジャバラ式でなつかしい。この町はアムス以上に古びた感じがする。

6月10日、愈々待望久しいルクセンブルグ訪問である。BRUからルクセンブルグ（LUX）への飛行機は何とオランダ製のプロペラ機フォッカー・フレンドシップで、ルクセンブルグ大公国国営航空ルックスエアLG704の飛行時間はわずか45分であった。

ルクセンブルグ・フィンデル空港にはすでに夜の帳が下りており滑走路からは何も見えない。二階建の古い小さな空港ターミナルビルの屋上には出迎え客が鈴なりだ。暗くて見えないが周囲は見渡す限りの草原だろうと想像する。プロペラ機のタラップを降りターミナルビルまで歩く。なま温かい微風が頬に心地よい。入国審査は簡単だった。ターンテーブルから大きなバッグが出てくるのを待っていると、一人の背の高い青年がそばに立っていた。「ミスター・サカガミですか」と、英語で話しかけてくる。

「私はギー・ビンスフェルドです」

温和な紳士である。これが、以後47年間、異国の親友として付き合った二人の最初の出会いだった。ぼくは1月生まれ、彼、ギーは12月生まれ同じ1936年生まれの同輩である（残念ながらギーは、2014年の春、77歳で亡くなったのだ）。

こちらでは、もう最初からファーストネームで呼び合う。「ヒロ、ちょっとワインでも飲んで話しましょう」と、空港敷地内の小さなエアフィルド・ホテルのバーに入って二人の共通語、勿論英語で話す。話題は尽きることがない。二人はよほど気が合うようである。夜の11時が過ぎていた。急いで予約してあった中央駅近くのアルファ・ホテルに行くと「最終フライトが着いて2時間にもなるのにもうお越しでないと思い、他のお客に売ってしまいました」という。では、とギーの機転でグランド・ホテル・ブラッシュールという古い大きなホテルに落ち着いた。往年の名ホテルだが古くなって人気がなく泊まり客も少なくなっている。だが天井は高く中世の宮殿を彷彿とさせる立派なホテルでぼくは大変気に入った。ここに三泊する。ちなみにこのホテルは翌年壊されて、そのあとにはベルギー系の巨大銀行クレディト・バンクが建っている。

翌朝、ギーが赤い小型車で出迎えだ。「この車は町中での駐車に便利なんですよ」という。ホテルのある旧市街から大きな橋を渡るとき見た、断崖の下に拡がる峡谷を覆う緑の樹々の美しさに、はっと魅せられた。この町にはこんな美観がいたる所にある。ルクセンブルグは中世時代からあった旧市街の大きな岩山に築かれた町で、かつてここには小さいが難攻不落のルクセンブルグ伯の城があったのだ。

新市街にある鉄道の中央駅から二、三本入った狭い通りにアンテルプュブリシテ（ｉｐと略す）のオフィスがある。中型ビルの二階だ。ビルの玄関に入ると、中は真っ暗である。ボタンを押すとパッと明かりがつく。しばらく歩くと明かりは消える。この頃から節電が実行されていたのだと驚いた。

ギー・ビンスフェルド社長、制作担当でクリエイティブ・ディレクターのレオ・ロイター氏と、総務経理部長のクロード・カーン氏の三人を相手に提携交渉の会議に入る。インターマート（imと略す）からの要望は、ヨーロッパ全域における音響オーディオ製品の市場現況や将来の見通しなどのレポートが必要だし、広告出稿に関しては、電器関係雑誌、レコード・音楽などの専門誌の媒体情報のipからの提出が主たる業務となる。広告主サンスイのOKが出れば、ヨーロッパの各媒体への広告出稿は、すべてipを通じて実施することになる。当初は業界向けの広告出稿が主体となるが、媒体出版社から受け取る広告代理店手数料（コミッション）はipとimの折半となるので、その増額を出版社と交渉するのもipの重要な仕事だ。現状でのサンスイのヨーロッパ向け媒体広告予算は月額1万ドル位でまだ少ないが、今後の増額の期待は大いにある。広告原稿の制作は当面日本で行うことにする。以上、討議してお互いに基本的な提携内容にほぼ同意した。詳細な契約内容は明日再び協議して決定する。

ルクセンブルグ大公国は、国土の広さが神奈川県ぐらいで人口35万人の小国だが、周囲をドイツ、フランス、ベルギーに囲まれたヨーロッパの中心地にあり、「緑の心臓部」と呼ばれている。ここからパリやフランクフルト、ケルン、ブリュッセルは、車で2、3時間ほどでカバーできるのだ。だからＥＣ各地への連絡コンタクトが容易迅速になる。そのメリットを生かせるようにとこの地を選んだのだが、少々紳士的で、攻撃よりも堅い防御を得意とする国民性から彼らがはたしてどこまでこちらの要望通りやってくれるかは未知数で今はわからない。とに角やってみることである。

会議が終了して、髭のレオが小型のワーゲンを走らせて市内見物に案内してくれた。アドルフ橋から眺望する大パノラマ、ノートルダム大聖堂の尖頭が夕日に照らされ輝いている。崖を下りて、民家が軒を連ねる下の町グルントから見上げるボックの砲台と呼ぶお城あとの古風で静寂な景観に見とれてしまった。

このお城は、963年に初代ルクセンブルグ伯といわれるジーゲフロイ（ジークフリート）が造ったものだが、幾たびかの戦乱、周辺部族による侵略によって壊されてしまったものである。長い間今のフランス系やドイツ系の民族との争いが続いていた。14世紀、カール四世など神聖ローマ帝国の皇帝を四人も出したルクセンブルグ伯家だが、いつも戦いには破れていたらしい。だが争いが終わるとまた元の領地を回復し、ルクセンブルグ人のアイデンティティを維持し続けて、1815年に大公国となった。本当に忍耐力のある国民で、小国でありながら他のヨーロッパの大国に伍して引けはとらない。ＥＣ及び後のＥＵ発足メンバー六カ国の一つで政治、経済の安定度はヨーロッパのどの国にも負けない。そしてもっとも重要なのはルクセンブルグで生まれた国民のすべてはマルチ・リングァルで、ルクセンブルグ語は生まれつき、ドイツ語、フランス語は小学生時代に完全にマスターするし、中学では英語も話せるようになる。こんな国が世界にあるだろうか。ぼくがルクセンブルグをヨーロッパの拠点に選択した根拠は、実はここにあったのだ。

翌日、かねてより打ち合わせしてあった山水電気のボス、貿易部の三宅部長が、仙石氏と猪俣氏の両部下を従えてルクセンブルグに到着された。ユーロテックスのシェン社長は愛用のジャグアー車でフィンデル空港までお出迎え、一行は駅前のエルドラド・ホテルに入る。特別な会議はなく夕食はこの地一番の中国料理店で、山水側三人、ミスター&ミセス・シェンそしてギーとぼくの七人で、賑やかな宴会だった。シェン夫人は当地の人気TVキャスターでルクセンブルグ美人である。

三日目、ティオンビルのユーロテックス本社でサンスイ欧州戦略会議が開かれ、三宅部長、シェン社長、ギー社長とぼくの四人が出席。席上、インターマート（ｉｍ）とアンテルピュブリシテ（ｉｐ）の提携関係が承認され、今後のサンスイ・ヨーロッパ戦略を強力に押し進めようと合議した。

ギーの奥方と三人で昼食へ。車をレストランに横付けにして中に入ると、みんなわいわいがやがや、いずこも同じビジネスランチ風景だが、日本と違うのはここではみんなビールやワインなどがぶ飲みしている。ここで初めてボージョレー・ヴィラージュという赤ワインを戴いた。何となく酸っぱい感じたが「若いワインで全く熟成されていないのだから」というギーの説明にうなずく。ぼくが以後ワインのトリコになるきっかけは実はここにあったのである。

ルクセンブルグ四日目。ギーがホテルに迎えに来た。ｉｐのオフィスで広告代理店提携契約書に両社代表が署名・調印（サイン）して、ルクセンブルグ産ムーゼルビアーで乾杯した。めでたしめでたしである。ぼくの海外広告戦略の第一歩がこの魅力ある小国ルクセンブルグの地から始まったのである。

ギー、レオ、クロードとこの地のリキュール、クエッチ（キルシュ）を嗜んで別れる。レオがワーゲンで空港まで送ってくれた。またここでビールだ。酒に弱い人はこの辺りでは仕事もできないのではないかと思う。これがヨーロッパなのであろう。

国営のルックスエアＬＧ３０３でドイツのフランクフルトに向かう。低空飛行(プロペラ機だから)から眺めるルクセンブルグは、まさに〝緑の孤島〟で夢のような、オトギの国だ。「また来るよ」と、一人で呟やいていた。

事実この初訪問でルクセンブルグに大いに魅せられたぼくは以後、何と50回以上もこの地を訪問することになった。(後日談）２００５年、50回目の訪問時、ルクセンブルグ政府より特別表彰の栄誉に浴したのである。

西ドイツの経済金融の中心地フランクフルト・アム・マイン(FRA)には50分で着く。小型のフォッカーF27機は狭くて天井も低い。小さくかがんで窓から下を眺めていると、モーゼル川やライン川、濃緑の山々と萌黄色の丘や美しい草原を縫って白い道路が曲がりくねって走っているのがよく見える。飛行機が旋回するたびにパノラマの構図が変わるのでおもしろい。窓が開くならば顔を出して覗きたいような景観が続く。モーゼル川、ライン川に面した急斜面の丘は殆んどブドウ畑になっている。ライン川の北方側には有名ワインのブドウ畑「ラインガウ」が連なっているのだ。

フランクフルトの豪勢な中央駅から伸びるカイザーストラッセの近くの小さな旅篭に翌日、ルクセンブルグのギーが突然現れたのには驚いた。昨日別れたばかりである。

「ヒロに差し上げるお土産を忘れていたんだ。だから車を走らせて持ってきた」と包みをくれた。

「ありがとう、ギー」。彼のやさしい心遣いに感謝、感激だ。

ライン川の支流マイン川沿いにあるフランクフルトは、今だにベルリンが、東西に分かれているドイツの東ドイツ領内にあるので、西ドイツの経済・金融の中心地となっている。町中の電器店にはドイツ製品グルンディヒやテレフンケンのディスプレイが目立つが、クォッド、デュアル、スコットなどの有名オーディオ製品と並んでシャープ、サンヨー、パイオニアなどのアンプやチューナーも目についた。ある店ではシャープ、トリオ・ケンウッド、アカイ、トーレンス、B&O、JBLランシングなど見たが、いまだにサンスイにはお目にかからない。まだまだ出回っていないようだが、まず店に商品を並べることが販売の第一歩とはいえ、残念ながらそれはぼくらの仕事ではない。

一方、在欧米軍市場ではサンスイの人気は高い。ルクセンブルグにある米軍市場の販売総代理店シェン氏の努力のたまものだが、サンスイはよく売れている。ここフランクフルトにオフィスがある米軍市場向け専門誌「オーバーシーズ・ウィークリー」（我が社から直接山水の広告をオーダーしている）の社長リオス氏から、プールやテニスコートのある豪華なプレスクラブ（外人記者クラブ）で昼食の接待を受けた。

「食後は少し離れていますが、ウイスバーデン・オーディオ・クラブ（米軍人専用娯楽施設）の見学に参りましょう」という。これは普段では実現不可能で、まさにベリーラッキーであった。車で1時間ぐらい、マインツにも近いリンゼイ・エア・ベース内に入る。リオス氏は入場許可証を持っている。基地内は時速1キロの最徐行ののろのろ運転、広い基地内の一角にオーディオ・クラブがあって、内部はすごい音響だ。ステレオのジャズ演奏が響き渡っている。なんとサンスイSP300からの音響である。ここに来てやっと巡り会えたサンスイに感動する。軍服でない平服の若者が熱心に音楽を楽しんでいる。

「ワンダーフル・サンスイ、アイラブ・サンスイ！」

と叫んでいた。東西冷戦で任務についている米軍兵士たちは、休暇や退役となると、わんさとオーディオ製品やカメラなど買って、米軍専用郵便APOで自宅に送るのだ。日本製のみならず、世界の一流ブランドが各地の米軍基地で、連日デモンストレーションに余念がない。いい市場なのだ。だから広告活動もぬかりなく実施している。

翌日、すでにレギュラーで我が社imからサンスイの広告を出稿しているドイツのオーディオ専門誌「ハイファイ・ステレオフォニー」からエルジンガー広告部長などがホテルに来たので、一緒に近くのイタリアレストラン〝サンタ・ルチイア〟に行く。夜は一人で上海料理店でヘニンガー・ビールを飲む。ドイツのビール（ピルスナー）はまろやかで旨い。

6月16日、ヨーロッパに来て最初の日曜。車も少なく静かだ。人影もまばらである。フランクフルトからスイスのチューリッヒに向かった。飛行機はスイス・エアSR535で快適フライトだった。

ヨーロッパでは国毎に通貨が異なるので色々と面倒だ。オランダではギルダーだったが、ベルギーはベルギー・フラン、ルクセンブルグではベルギー・フランも通用するが、LUXフランに変える。西ドイツはマルク、欧州で最強の通貨である。今日またスイス・フランに変えなければならない。空港で100円が1・15スイス・フランだった。

チューリッヒはスイスの主要都市であり経済の中心地である。大きな湖がある。中央駅から直線で伸びる大通りバーンホフ・ストラッセには銀行など大企業が軒を連ねている。美しい山並や湖面を眺め、散歩してのんびり日曜日を楽しんだ。ここで広告媒体となると日刊新聞だろう。有名な「ノイエ・チューリッヒア・ツアイツング」の本社を見た。今日は日曜日で閉まっているが堂々として貫禄充分である。ぼくはこの新聞の名前はＵＰＳ時代からよく知っていたので、実際にこの目で見てさすがに立派な新聞社だなあと思った。

18日、イタリアのミラノに飛ぶ。スイスエアＳＲ６２２で、機種はＤＣ９、最新の小型ジェット機で性能抜群、急角度で上昇する。ダグラス社のＤＣ９は、ボーイング社のＢ７３７と並ぶ世界のベストセラー機だ。

出発して直ぐアルプス山脈の上空を飛ぶ。これは圧巻である。山々の上部はまるで巨大な鋸のようだし、鋭角的三角錐のようである。そんな黒々とした（中には白い雪も残っている）山々が連なっているのだ。痛々しい鋸山が5〜10分位続くが、突然、山が切れ一瞬にして明るい平原が眼下に拡がる。アルプスを越えて南欧の国イタリアに入ったのである。

イタリア民家の屋根瓦は黄色か赤だ。アルプスより北方は黒い屋根瓦と白壁の家が多い。今回のヨーロッパ出張は、ルクセンブルグでの提携交渉が主たる目的で、その他の地域は初見学、初体験が目的になっているので、ここでも特別に会う人はいない。

ミラノでも市場見聞と媒体調査だけで本屋などに入って勉強していた。夕刻、宿舎カールトンホテルのレストランに入るとスタッフは誰もいない。5分待っても誰も来ない。「今日は休みか」と訝かってよく周囲を眺めてみると、何と、スタッフ全員がサッカーのTVに夢中になっていた。イタリアで食事の時、パンにはバターなどつけないでオリーブオイルをつける。これが美味なのだ。

ミラノでは巨大で輝かしい教会、ドォーモに入るだけでここに来た値打ちはあるだろうと思う。一人でよくここまで来たものだ。

翌日には、アリタリア航空AZ330で、パリ・オルリー空港に降り立った。小々雨模様である。オペラ・コミック劇場近くの安宿はどうもよろしくない。電話も部屋にはなく受付け横にあるので、のこのこ出て行かねばならない。花のパリに来たというのに半日だけでは何もできない。

6月20日のロンドンも天候はよくなかった。午後雨のヒースロー空港（LHR）に着いたが、空港バスのロンドン西ターミナル到着が遅れてストランドパレス・ホテル到着は夕方になっていた。ハイファイ・ニューズ出版社からの電話メッセージが入っていて明日会うことになった。

ロンドンは聞きしに勝る大きな都会である。黒人の多いのが目につく。イギリスに来たのだから英語がよく通じるだろうと考えていたのだが、どうしてどうしてなかなか通じない。自信喪失である。元気を取り戻そうとパブに飛び込んだら、生ぬるいビール、エールを飲まされて驚く始末。翌日リーゼント・スリートとオックスフォード通りを歩いてみて何となくロンドンはいいなあと感じることができた。大人の町である。また何度もここには来ることになるだろう。

6月22日、ヨーロッパ最後の日だ。ここからアメリカ・ニューヨークに向かう。ロンドン西方にある巨大なヒースロー空港には三つの大きなターミナル（出発到着ロビー）がある。ターミナル3は、インターコンチネンタル、大陸間航空路線専用である。アメリカ向け、オーストラリア向け、日本向けフライトもここから出発する。長距離フライト専用だけあって、このターミナル3にはちょっとした高級な雰囲気が漂っている。日本人も三々五々連れだって何やら買物をしている。日本航空で羽田に帰る人達だ。みんな立派な身なりである。ネクタイをしていない人など誰もいない。21世紀の今とは全く違うのだ。ぼくだってこの旅行中ネクタイをはずしたことはない。この時代、外国出張といえば選ばれた人達の晴れの舞台のようなものだったのだ。

ぼくの搭乗するパン・アメリカン航空（PA105）ニューヨーク行き、大西洋横断飛行の出発時間は午後4時だ。そして日本航空、羽田行きは少し早く出る。しばらくすると日本人はあっという間にいなくなっていた。一人になってしまったが「ぼくはまだこれから一人で世界一の大都会ニューヨークに行くんだ」と、誇らしい気持ちで胸をふくらませていた。

数年前のUPS時代、疲れた営業の帰り、中之島の大江橋のほとりで、同僚の中田君（立命館出）

とゆるやかに流れる川面を眺め「この水はやがて太平洋に出て、そして世界に連なっているんだな。一度でもいいから世界一周をしてみたいもんだね」というと、広島生まれのアンニュイ中田君は「そんなのは夢ちゅうもんじゃけん」と相手にしてくれなかった。

今、それが実現しようとしている。7時間のパンナムの飛行は最高級フライトであった。すぐ夕食が出たが、1万メートル上空で生まれて初めて嗜むシャンパンと色の濃いボルドー産の赤ワインにミディアム・レアのステーキだ。食後にはチーズと共に真っ赤なポートが出る。決して地上では味わえない夢心地の体験であった。座席前のポケットに雑誌が入っている。パンナムの機内誌「クリッパー・マガジン」だ。こんな雑誌に広告を載せられるといいなあ、と思う。世界の国際航空路線に乗る人は比較的高級《ハイクラス》な人達だから、高級商品の購買層であるばかりでなく、他人に影響を及ぼす人達だからである。

ニューヨーク・ジョン・Ｆ・ケネディ空港（ＪＦＫ）には夕方に到着した。でかい空港である。ターミナルが幾つもあって、どこがどこだかわからない。また、ばかでかいＴＡＸＩに乗ってマンハッタンに向かう。夕方は車のラッシュで広い道路に沢山の車が数珠つなぎである。周囲の建物は非常に高い。小学校時代、教科書に出ていた摩天楼（スカイスクレイパー）はこれだ、と納得したし、これがアメリカなのだ、と実感した。

マンハッタンのほぼ中心、セントラル・パークの少し南側にある高級ホテル、ニューヨーク・ヒルトンにようやく到着した。やれやれ、疲れた。

ぼくが数日宿泊するここヒルトン・ホテルの展示場では、恒例のオーディオ・ハイファイ・ショウ（正式名は、CES・コンシューマー・エレクトロニクス・ショウ）が開催されていて、全米はもちろん世界の著名な音響機器メーカーが競って出品し、その性能を実演して関係者にアッピールしている。サンスイは勿論、新製品の機種を並べて盛んにデモンストレーションを行っている。山水本社からは山田専務、三宅貿易部長以下数名が出張してきていて米国販売業者の対応に備えている。ぼくも明日から駆り出されるかもしれない。もちろん山水側の中心人物はサンスイ・アメリカ会社の多田社長だが、彼を補佐するのが広告代理店社長のフランク・バース氏だ。バース氏はかなりの年配だし経験豊かなアドマンで、かつユダヤ系でコネクション豊かである。

アメリカではこの種のショー（展示実演会）が年に何回も開催され、関係業者（各州の販売代理店、卸売業者）は、このショーを利用、評価してまとめて仕入契約をする場合が多いので、大変合理的な取引の場となっている。それだけに、他社、他ブランドに先駆ける新製品の投入や、デモンストレーションのやり方など工夫が課題となる。

ぼくにとってはまったくの素人だから、何の役にも立たないだろうが、アメリカ流の高級商品の販売方式を初めて見聞することになり大いに有意義であった。

ロックフェラー・センターとセントラル・パークのほぼ中間に位置するヒルトンの大展示場でのCESは、大賑わいだ。特にサンスイ・ブースは人気の的だった。少し遅れてアメリカ市場に参入したサンスイだが、その品質の良さが評判になっている。ぼくは23日（日）は終日、展示会場で過ごした。商談室では各州の代理店から予約注文が入ってきていて事務員は大忙しである。

「ここではこの種の展示会を通じて年間の売上げが決まるんだよ」

と、多田社長は微笑んでいた。

6月24日、ホテルの一室でサンスイ・セールス・ミーティングがあり、全米各州の総代理店の代表者など30名位が出席した。ひな壇中央に多田アメリカ・サンスイ社長が、そして広告代理店のフランク・バース氏とジョン・ブラッドバリー氏、山水本社の三宅部長が席を取り、ぼくも日本の広告担当業者として、山水貿易部の高山氏の隣りに座らされた。何か質問でもあったら大変だとビクビクしていたが、何もなくてホッとした。

夜、フランク・バース社のゴールドバーグ氏の誘いで、当時人気1番だったニューヨーク・プレイボーイ・クラブに入り、ブランデーと人気ショーを楽しんだ。華やかで、愉快なショーだったが、米語のジョークについてゆけず、何がおもしろいのかわからないうちに終了していた。

25日はフリーの日、ニューヨーク散策に、若さにまかせて歩いた。五番街を南に、エンパイア・ステート・ビルを過ぎるとワシントン・スクエアのアーチ（門）があり、この辺りはグリニッチ・ヴィレッジと呼ばれていて、近くにニューヨーク大学がある。ソーホー地区に入ると、もう都会とはいえない。黒人も多い。マンハッタン南端地域にアメリカ金融経済の心臓部の「ウォール街」がある。最南端はバッタリー・パークで、ここから海の中の「自由の女神像」を見ることができるのだ。休み休み歩いても何時間もかかったので若いといっても非常に疲れた。だから帰りは右岸のハイウェイを夕クシーで一気に走って、あっという間にホテルに帰館した。途中鉄道も車も通る大きくて重要な鉄橋の下をくぐって走って行った。

夕刻、多田社長の招待で、2人で、この地の日本料理店で有名な「安芸」に入り、久しぶりで旨い刺身と寿司、そして日本酒を堪能した。和服姿の美人女性が接客してくれる。

翌日、IAA（国際広告協会）本部を訪問し、メンバー・カードを発行してもらったり、また世界一の週刊ニューズ誌「タイム」本社を訪問し、リチャード部長と面会した。午後はフランク・バース広告社に一室を与えられ（長く使っていなかったようで、エアコンから煙が出てすぐストップした）、東京で会ったことがある「ナショナル・ジオグラフィック」誌のティル氏や、「エスクワヤー」(Esquire)誌のビックヘッド氏などと談笑した。山水貿易部の担当者高山氏とも話し合い、さしもの強行日程もようやく終了に近づいた。若干32歳、ここまで我ながらよくやったと思う。

ニューヨーク最終日、朝食にフランクと彼の友人フレッド（昨夜彼らとはヒルトン・バーで飲んだのだが、彼は歌がうまい）も一緒だった。スクランブルド・エッグにベーコン添え、ホワイト・トーストにコーヒーの簡単な朝食で、勘定はぼくの部屋付けにしたのだが、フランクはポケットの小ドル札を探している。チップが要るのだ。ぼくはそんなことは知らないので今まで朝食なんかでチップは置かなかった。ロンドンでもそうだった。朝食で小銭を置かなかったのでウェイターに呼び戻された人もいたのである。何とも面倒くさいことである。

6月27日、ニューヨークの空気にも少し馴染んできたかな、と思ったらもうお別れである。ウッドサイドの山水アメリカ社に行って多田社長やスタッフに別れを告げる。

「お互いに元気で、サンスイの売り込みにがんばろう」と、固い握手で多田社長と別れた。

フランク・バース社のゴールドバーグ営業部長の大型ジープに揺られてラ・ガーディア空港へ。

ニューヨーク北東部にあるこの空港への途中に、MLBニューヨーク・メッツの本拠地、シェイ・スタジアムがある。試合中ではなかったが、内部を覗くと、赤、黄、青、白のカラフルなシートが入り混ったスタンドが見え、米国らしい愉快な野球の雰囲気を感じさせてくれる。ぼくは、残念ながら、ニューヨークではなくてボストン・レッドソックスの熱烈なファンである。

あわただしい1週間が過ぎた。米国は最大の市場だがぼくの守備範囲ではない。日本のわが社の様子も気になる。早く帰国したい気分だ。

ニューヨークからアメリカン航空AA549でカナダのトロントへ飛ぶ。一時間位のフライトだ。すばらしい景観の町である。住むならこんな所が理想だろうと思う。トロントからシカゴへ、シカゴも大きな都会だ。そしてロサンゼルスへ。ロスからホノルル（ハワイ）へはまたパンナムに乗って、再び「クリッパー・マガジン」にお目にかかった。いい雑誌である。

ホノルル空港からホテルまで乗ったタクシーの運転手、ハロルド宮田氏の車で、ワイキキ、ダイアモンドヘッド、真珠湾まで案内してもらって非常にラッキーであった。

7月1日、ワイキキ・ビーチで一人で泳いだ。が、全く楽しくはなかった。ここは暑い所だが住みよいので、日本人住民も多い。日本の神社やお寺、日本人墓地もある。

ホノルルからまたパンナムだ。PA821、午後2時15分発はノンストップで太平洋を何なく越えて翌2日（火）午後5時、羽田空港（HND）に到着した。遂にやった。世界一周、4週間の旅はかくして終了した。東京では赤坂のアジア会館に泊まる。

ルクセンブルグ大公国の広告代理店ｉｐと提携して実施しているサンスイ・ブランドのヨーロッパ

の広告活動は順調にすべり出していた。欧州各国の電気、オーディオ、音楽（レコード）関係専門誌、業界誌への広告出稿が中心だが、ｉｐが実施した媒体調査は的確で、山水電気本社の貿易部・宣伝部の承認を得て広告出稿活動は順調にトラフィック（広告出稿手順）に乗って動いていた。

日本で初めての万国博覧会、ＥＸＰＯ大阪万博が１９７０年、大阪の千里五陵で開催され、多数の外国人の来日が予想されるので、何かいい企画はないものか、とある日、山水電気でこの万博の利用対策会議が開かれた。ぼくは広告代理店の立場から来日外国人向けの企画要員として山水の経営会議への出席を要請されていた。山水の幹部社員以外では出席したのはぼくだけだった。菊地幸作社長、金井専務以下、三宅貿易部長、保坂宣伝部長らと協議、インターマートから二、三の提案をしたが、結局採用されず、他にこれといったいい企画はなにも出なかった。宣伝部の準備不足が原因である。初対面の菊地社長のワンマン経営的雰囲気で会議は終始したのだ。

サンスイの国内販売は順風満帆で、両側に大きなスピーカーを置き、中央部にレコード・プレーヤー、アンプ、チューナーを配した大型ステレオ・セットがよく売れていた。売れっ子タレント、浅丘ルリ子をモデルに使った国内広告宣伝活動も活溌で、サンスイの名を天下に轟かせていた。

1969年9月、アジアで初めてのIAA（国際広告協会）総会、ワールド・コングレス（世界大会）が、東京プリンス・ホテルで開催された。会員になって初めての大会で、ぼくは連日会議に出席した。最終日のガラ・パーティは、ホテル・オークラ「平安の間」で、出席者約1000人で賑わった。

当時の佐藤栄作首相の代理として大平通商大臣が挨拶、パーティにはわが女房どのも和服姿で参加して、外人さんに人気を博していたようだ。

日本に支社やレップのある国際誌、「タイム」、「ニューズウィーク」、「ライフ」、「リーダース・ダイジェスト」、「プレイボーイ」、「スポーツ・イラストレイテッド」などの米軍人向けミリタリー版へは、わがim（インターマート）がサンスイの総ての広告を取扱っていたので、imの売上高は順調に増加しつつあった。

一方、ヨーロッパの広告マーケティング戦略に関する要望が色々と出てくる。主に宣伝部からの情報だが、単に専門誌、業界誌だけの取扱いだけでなく、本格的市場調査は予算的に無理があるが、ipを通じてオーディオ製品の購入層、見込客の購買動機、意識調査などのデータを（それも安く）入手してもらいたい、という要求だ。宣伝部には競争相手の広告代理店からの圧力が常にかかって来ているのである。

ぼくも常に、単に広告出稿手続を実施するのみではなく、得意先サンスイのマーケティングに役立つ市場の動向資料を入手すべきだと考えていた。それには専門の調査会社の手を借りる必要がある。やがて、ロンドンにあるコンチマート調査会社の存在を知った。


1970年2月、山水貿易部の要請で、アメリカ市場の広告費用の山水アメリカ社との日米分担取り決め協議のため渡米し、そのあとロンドンでコンチマート社のレックス・ウッド社長との話し合いがあり、二度目の世界一周の旅に出た。

2月28日夕刻出発。羽田発の日本航空JL002便は、DC8機による、サンフランシスコ、ニューヨークそして大西洋を飛び越えてロンドンに向かう、日本航空が世界に誇る世界周航路線で人気を博していた。

ほぼ満席の旅客（日大の学生が沢山乗っていた）で機内は騒がしくてよく眠れなかったが、一人黙然とスコッチ・ウイスキーを飲んで過ごしていた。同日、朝9時にサンフランシスコに到着する。よく眠れなかったし時差ボケでうんざりする。丘陵地にある綺麗な港町サンフランシスコだが、ここでは仕事はない。

３月１日、アメリカン航空ＡＡ０４８で着いたニューヨーク・ケネディ空港（ＪＦＫ）には夕闇が迫っていた。大型の空港市内間運行バスに揺られて市内西ターミナルへ。黒人男性が大声で案内している。イエローキャブ（タクシー）でセントラル・ステーション近くのルーズベルト・ホテルへ。ここに三泊予定だ。翌朝、山水アメリカ社を担当する広告代理店フランク・バース社で昨年も会ったゴールドバーグ氏と交渉に入る。結論は、わが社（ｉｍ）の報酬は５パーセントとなった。送金業務だけの取り分だから文句はない。ランチはゴールドバーグ氏とビジネスマン人気のレストラン、「カトルマン」で、大きなステーキを賞味した。

「ニューズ・ウィーク」誌パーティ（ホテル・オークラにて）

　午後、われわれ世界の広告業者（アドマン）が憧れ、広告業界の最先端街と称されるマジソン・アベニューを歩く。いつか来たいと期待に胸をふくらませていたところである。その４４４番地に聳えるニューズウィーク本社を訪問、広告本部長Ｒ・マックマートリー氏から歓待された。彼とはその年の9月の来日の際、ホテル・オークラでのニューズウィークのレセプションパーティで再会して喜び合った。

夕食は、フランク・バース氏が「変わった所に行こう」とハンガリアン・レストランに連れて行ってくれて、悲しいジプシー音楽を堪能させてくれた。この地にはユダヤ人も多いがジプシーも沢山いる。ニューヨークは民族の坩堝《ルツボ》である。


さあ、二度目の大西洋横断飛行だ。2年前とは逆方向、ニューヨークからロンドンに向かう。新生日本航空が世界に誇る世界一周路線JL002便である。JFK空港ターミナルは、航空会社ごとに別々に建物があり巡回バスがぐるぐる回っている。JALレセプションはTWAターミナルの一隅にあった。

JAL2便DC8機内は華やかだった。乗客はまばらで日本人も数人はいただろう。みんな身なりはきちんとしたビジネス紳士たちである。それよりも何よりも、日本人スチュワーデスの何人かが綺麗な振袖姿に着替えて出てきたのには驚かされた。和食が出て「熱燗のお酒もありますよ」には、また驚いた。今から46年も前のことである（今のJALには世界一周路線はない）。

しかし、これからが大変だった。一眠りして目を覚ますと飛行機はごうごうと爆音をとどろかせて暗闇の大西洋上を驀進している。間もなく夜が明けてイギリスはもうすぐだろう、とぼんやりしていると、突然機内アナウンスがあった。「この飛行機はロンドンに近づいていますが、ヒースロー空港附近は大雪で、滑走路が見えません。このままパリ・オルリー空港に向かいます」と。さあ大変である。予定が総て狂ってしまうのだ。しかしどうしようもない。結局、パリ・オルリー空港、4日朝10時、雪の滑走路に文字通り滑り下りたのだ。パリも大雪だった。この空港に日航スタッフは一人しかいない。イギリス人夫婦がえらいけんまくで怒っている。「東京からずっとJALに乗って来たのに、どうなるのか」。空港スタッフにとってもどうしようもない。天候異変なのだから、とぼくは覚めていた。12時にエールフランス機が代わりにロンドンに飛びます、と一度は全員搭乗して滑走路まで行ったものの機内で1時間、雪は止まない。また待合ターミナルへ逆戻りだ。旅なれたビジネスマンなどは列車で出て、英仏海峡を渡ってロンドンに行く、という人もいた。

夕方になって、本日のロンドン行きは総てなしに決まって空港近くのロワイヤル・ホテルに案内され、日本人の団体客と一緒に行く。食事の時、団体さんは綺麗に並んでおとなしく食事をしていたが、ぼくだけ一人離れてワインなど飲んでいた。「慣れている人はいいですね」と、ねたまれたのか、からかわれたのかわからない。この団体さんは中堅企業の幹部社員の研修旅行中だったのだ。彼らとは後日偶然ウィーンで再会することになる。

5日、午後1時半パリ・オルリー発AF812でロンドンにやっと着いた。ハイド・パーク・コーナ近くにあるロンドン・ヒルトン・ホテルにタクシーが着くと「アーユー・ヒロ・サカガミ?」と中年の紳士が現れた。コンチマート社のレックス・ウッド氏だ。

「えらいお待たせしました。昨日からずっとここに?」

そんなことはない。大雪のニュースは知れ渡っている。「では明日、調査データのことといろいろお話ししましょう」と別れた。いい人のようだ。大きなヒルトンのビルにはレストランやバーなど何でもそろっている。最上階には高級ナイトクラブがあるが、ぼくに用はない。

翌日、レックス・ウッド氏の案内でゲイト・ストリートのコンチマート本社に立ち寄ってから古びた郊外電車に乗ってイーストコート(ミドルセックス)のオーディットハウスに行く。途中パブリック・スクールで有名なハーロー校があった。オーディット会社は立派な調査会社でまるで研究所のようだ。ちょっとこちらの意図とは違うようだが、何でも勉強である。いろいろ質問してみたが、やっぱりぼくの思惑とは異なる。「レックスさん、悪いけれどこんな調査にお金を出す予算も余裕もない。お断りします」と神妙になると、「いいんだよ。この話はこれでお終い。ぼくはもう年で調査会社から引退することになっているので、できればヒロ、あなたの会社のお役に立つような手助けをしたいと思う」と。レックスは本当にいい人のようだ。ロンドンに味方、それも親密になれる先輩がいるだけで強い力となる。若輩で、英語力に弱いぼくには本当にうれしい話だった。事実レックスは以来数年間、わが社インターマート（ｉｍ）のヨーロッパ駐在員のような存在になったのである。

ｉｍも4年目に入っていろいろ考えることがある。小規模な広告代理店がお得意先広告主の要望に応えるため市場調査などの費用を負担することは非常に難しい。特に海外向け広告のように外国に展開する事がらは費用効率からすれば不可能に近い。ぼくは日経広告研究所の会員であったので、ときおり偉い大学の先生のお話を聞く機会があったが、海外広告の場合の広告代理店は、本来のアド・エージェンシーではなくメディア・サービス業だと理解するようになった。外国メディアの知識と、メディア（媒体社、出版社など）との交渉・取引に精通し、日本の広告主の要望にそう外国メディアを幅広くセレクトして情報提供することが主たる業務となる。いわばメディア・セレクト・サービスが海外向け広告代理店の仕事なのかもしれない。

3月7日、ロンドンからパリに飛ぶ。この時初めてボーイング社のB727機に搭乗した。エンジンは主翼になく後の尾翼の中央と両側にある。不安定な感じがするが、これは誠にすばらしいジェット機であった。機内のエンジン音が低く、急角度で上昇するし、スピードが出る。その後世界中の航

727機ラスト・フライト（山形空港にて）

空界のベストセラーになったのはうなずける。ぼくの飛行機（航空機）好きは人後に落ちないが、この727機はその後大阪・東京間の主力ジェット機となり毎週のようによく利用させてもらった。そして遂に、飛行機好きが嵩じて、1990年4月27日、B727機の日本での最終フライト（羽田・山形空港間）に応募し、用事もないのにANA機で往復したのである。

パリではルーブル博物館前のホテル・レジナに泊まる。伝統ある古い大きなホテルである。板張りの廊下などはギシギシと心地よい（？）いい音がする。

折りしもセーヌ川沿いの真っ黒な大きな建物パレ・ドウセイ（もと鉄道のオルセイ・ターミナル駅で、今は有名な美術館になっている）では、フランス最大のオーディオ・ショウ、フェスティバル・ドュ・ソンが盛大に開催されていて、お得意先サンスイも出展していた。ヨーロッパ製オーディオ・メーカーが多いが、アメリカや日本からも多数参加している。どの部屋も大音響のデモの競演だった。イタリアのサンスイ代理店のガウディ氏によれば、本年のヨーロッパ三大オーディオ・ショウはこのフェスティバルとロンドンのオーディオ・フェスティバル、そしてドイツ・デュセルドルフのハイファイ70だ、とのことである。

夜は、ルクセンブルグの総代理店ユーロテックスのシェン社長の招待で、フランス料理をいただく。夕食参加者は、ガウディ氏、フランス代理店のコット夫妻、日本の山水から出張中の吉田氏とぼくの6名。みんな話がはずむのでお開きは夜中12時を越えていた。外は異常に寒い。雪がちらついている。明日が心配である。サンスイにとってフランス語圏での広告メディアは、レビュー・ドュ・ソン（発部数5万部）と「ソン・マガジン」（8万部）の両月刊誌が有効である、とコット氏が話していた。

3月9日、雪のル・ブルージェ（パリ北方）空港を飛び立ったルクセンブルグ航空LG202のプロペラ機は、約1時間でルクセンブルグ・フィンデル空港に着く。ipのギーとクロードが出迎えてくれる。コンス・ホテルでカンパリ・ソーダを飲んで元気になった。ギーとサンスイのヨーロッパ広告に関する打ち合わせ、シェン氏からは在欧米軍に対するサンスイの現在の広告活動に異存はないとのコメントをいただいてほっと安心する。ここに三泊したが、シェン氏に何度も食事をご馳走になったり、チャーリーという小さなキャバレー（バーのようなところだが、ダンスやショーもある）にもご一緒してくれたり色々と面倒をみてもらった。

ヨーロッパの各地からルクセンブルグに来ると何故か安堵感が増す、つまりほっとするのだ。この地の空気とか、人々の動きなど、この小国ルクセンブルグの雰囲気がぼくの気持を和らげてくれる。ぼくの第二の故郷なのかもしれない。

12日、LG301でフランクフルトに飛ぶ。14日、在欧米軍向けメディア、「オーバシーズ・ウィークリー」誌のジュッド・フレンチ氏とニイケ氏などと車で出て2時間位かけて西ドイツ西部ビットブルグにある米軍基地に行き、ビットブルグ・オーディオ演奏会を見学した。日本製品の展示も多く、サンスイのアンプ、チューナーは米軍人達の人気の的であった。二度目の米軍基地訪問だが、普通ではこんな機会はまず考えられないので、この幸運に感謝しなければならない。

夕方近くになってジュッドなどはこの地に泊まるという。仕方なく、比較的近い隣国ルクセンブルグのipに電話すると、クロードが出た。「今、西ドイツのビットブルグに居るのだが、迎えの車をお願いしたい」とぼくが頼むと、「OK、1時間位待っていて呉れ」とクロード。その親切さには感謝の言葉もない。小雪がちらちら舞っている。一面雪景色で周辺は灰色に煙っている。そんな中、田舎道に少々古くなったフランス車、シトロエンを転がせてクロードはドイツのビットブルグまで来て呉れた。「1時間30分はかかったよ」という。もう晴れ間もでてきているが国境近くも雪、また雪、小さな村々の教会の尖頭だけが夕日に照らされて光っている。夕闇迫るころドイツの古都トリアーを通過、真っ黒なローマ時代の遺跡ポルタニグラをちらっと見た。

ルクセンブルグに着くとようやく晴れ間が拡がっていて少し明るくなった。クロードとビストロでディーキルシュ・ビアーを飲んで空港へ。ＬＧ３０３は二日前と同じフライト、再びフランクフルトに戻る。今回二度目のルクセンブルグに行きとなったのである。

翌日15日は、もうウィーンに居た。フランクフルトからフランス製小型ジェット、「空の貴婦人」と称されるカラベル・ジェットに乗った。名門ウィーン・インターコンチネンタル・ホテルのロビーで、何と、数日前パリで雪の中一緒に食事した日本経済団体のメンバーに再会「いやー久し振りですな」と笑い合った。ここでは恒例のウィーン・インターナショナル・メッセに出品中のサンスイ製品を見ることである。ヨーロッパに輸出されているほぼ全機種が展示されていた。音楽の都オーストリアのウィーンは歴史と共に生きる、誠に魅惑的な町である。ここにも積雪が残っていて、モーツァルト像やベートーベン像、ヨハン・シュトラウス像などが白い雪の上で輝く太陽に美しく浮かび上がっていた。世界最高級のピアノの一つは、オーストリア製「ベーゼンドルファ」である、というのが音楽専門家の定評である。ウィーンでゆっくり音楽でも楽しみたいのだが、そうは云っておれない。仕事だ。

17日、ウィーン（ヴィエナ）からフランクフルトまでルフトハンザ航空LH291、小型新鋭ジェット機B737で飛ぶ。当時、ボーイング社の737機は、ダグラスDC9と並ぶ高性能ジェット機で、ヨーロッパ上空を飛び舞わっていた。フランクフルト空港はさすがにドイツの中心、ハブ空港であって乗換えは実にスムーズ、12時に到着して13時15分発LH061デュッセルドルフ行きに搭乗した。昼食時だったが機内サービスの節約のためか搭乗機の入口で弁当箱が手渡される。中味はカツや卵料理、野菜サンドイッチだが、ちゃんと赤ワインの小瓶も入っている。さすがにヨーロッパだ、と感心する。

ヨーロッパに進出する日本企業も多くなってきたが、ここデュッセルドルフはその拠点の一つだ。都心には「大都会」という日本料理店もある。ここではインターコンチネンタル・ホテルに泊まる。ここから見えるライン川の流れは穏やかでゆっくり航行する船の数々がロマンを感じさせてくれる。川沿いの緑の芝生では子供たちがサッカーに興じていた。

18日、デュッセルドルフ空港を出たルフトハンザ航空LH654の大型ジェット機B707は、途中北部ドイツの港町ハンブルグに立ち寄った後、8時間後には米国アラスカ州のアンカレッジに到着する。1時間休憩、お買物をして、また8時間、ゆっくり寝る間もなく東京・羽田に到着した。

当時、ボーイング707型機は、ダグラスDC8と並んで世界の長距離航空界の花形であった。

⑶　海外広告の進展と機内誌の登場

1971年、会社（ｉｍ）設立から5年目に入り、ぼくは35歳になる。この年はいろいろ変化があった重要な年であった。

日本の輸出企業がこぞってヨーロッパに現地法人を設立して欧州マーケティングを強化し始めたのだ。山水電気でも例外でなく、ベルギー国北部のアントワープにサンスイ・オーディオ・ヨーロッパ（ＳＡＥ）法人を設立し、元貿易部次長河内昇氏が社長に就任した。当面のサンスイのヨーロッパ広告出稿には変化はないが、将来のことを考えると、ルクセンブルグのｉｐからサンスイ現地法人（ＳＡＥ）のあるアントワープは少し遠方になる。恐らくファーストカーでも3時間は必要だろうと考えられる。この対策は怠りなくやらなければならない。

もう一方の課題は、ｉｍの将来を考える時、小規模の海外向け広告代理店なるものが存続できるか否かである。小さな組織、小スタッフでフル・サービスのエージェンシー業務はできるわけがない。エージェンシーというより、海外の広告媒体を調べて広告主（お得意先）に提供するメディア・セレクション・サービスが主たる業務のようなものだから、結局はメディアを中心とした組織に重点を置くしか存続の道はない、と思える。その意味では海外広告業といえば、メディア・レップ（媒体代表）業務と並行したものになる、といわざるを得ない。ただし、本来の立場からは、広告代理店（アド・エージェンシー）は広告主の利益を代弁し、メディア・レップは媒体社の利益を代表するものだから、おのずと両社は質的に異なった立場にあるものだ。いずれにせよ、小規模企業の将来の存続問題を研究・開発するためにｉｍの中に「インターメディア」部門を新設した。

ｉｍも5年目ともなるとスタッフも増え、東京オフィスは三島営業課長以下6名になり、それなりのオフィスが必要であり、かねてより赤坂九丁目（防衛庁裏）に建設中であった秀和赤坂レジデンシャルホテル三階の三部屋続きの事務所を1千万円で購入した。そして将来、広告代理店がメディア・レップ（媒体代表）を兼務するのはまずい、と非難する人もいたので、インターメディア部門は、赤坂二丁目に新しく設立した有限会社ユーロプレス（略称ｅｐ、林久吉社長）に移し、責任者には大阪オフィスの江草敏夫君を任命した。アシスタントには英語に堪能な太田みちこ女史を入れ、万全を期しての出発だった。最初のメディアは南アフリカの金融経済週刊誌「フィナンシャル・メール」だ。残念なことに太田女史は、その数年後カナダ人ラスムッセン氏と結婚してカナダ西部エドモントン郊外に去ってしまったのである。

1971年3月31日、三度目のヨーロッパ出張だ。羽田空港発11時45分、英国航空BA861はモスクワ経由でその日の内にロンドンに到着する。到着午後7時。アンカレッジ経由と異なり、同日に欧州に着くので、明日からのスケジュールが立て易くなり非常に工合いがよい。途中ソ連のモスクワ・のシェレメチェボ空港で1時間休憩して、店を覗くが社会主義国の商品に見るべきものは何もなかった。ただ琥珀（Amber）には興味があった。

ロンドン・ヒースロー空港には、友人レックスがお出迎え、ロイヤル・ガーデン・ホテルにチェックインする。大きな公園の緑がすがすがしい。ロンドンは大都会だが、いたる所に公園があり、冬場でも芝生は青々としている。人や車は多いが緑の休憩所が沢山あるのが嬉しい。

「ヒロは偉いな、二ヵ国語をしゃべる。俺なんか英語しかできない」と、レックス。

4月1日、スカイウェイ・ホテルでのオーディオ展示会ソネックスを覗くと、山水の三宅部長には会えなかった。約束していたのに、エイプリル・フールだったのか。山水貿易部の奥山氏は「6日にブリュッセルにいらっしゃったら、アントワープのSAE（サンスイ・オーディオ・ヨーロッパ現地法人）に案内します」と、約束してくれた。

翌日、ウォータールー駅からBR（ブリティシュレール）ローカル線に乗ってコブハムまで一人で行く。イギリスの田舎は実に美しい。道路は完全舗装で樹木が多く、美しい花畑などが拡がっている。レックスの自宅はレンガ造り、庭が広く草花が咲き乱れている。いわゆるイングリッシュ・ガーデンだ。緑に囲まれて非常に静かである。典型的な英国邸宅で、奥様と可愛い娘さんと一緒にローストビーフの昼食をご馳走になった。

4日、日曜日で移動日だ。ヒースロー・ターミナル2、12時発のBE510でアムステルダムに向かう。なぜいつも昼頃に飛行機に乗るかといえば、機内で結構うまい昼食がワイン付で無料で提供されるからである。航空機好きにはこれほど嬉しいことはない。

BEとは、ブリティシュ・ヨーロピアン航空（BEA）のことで、当時英国航空は、BOAC英国海外航空（ブリティシュ・オーバーシーズ・エアウェイズ）とBEAの二つの部門に分かれていた。その後両部門は合併して英国航空BA（ブリティシュ・エアウェイズ）に一本化し世界でトップクラスの国際航空会社になる。ところが数年後、ブランソン率いるヴァージン・アトランテック航空が誕生して、日本にも就航したのでややこしくなった。ヴァージン航空も英国の航空会社だからだ。よって英国航空の呼び名はなくなり、文字通りブリティシュ・エアウェイズ（BA）と呼ぶことになっている。日本人には発音し難い。

アムステルダムでは、アムス川のほとりで静かな雰囲気、さわやかな空気が充満する高級ホテル、アムステルダム・ヒルトンに泊まる。

4月5日の朝10時、ヒルトン・ホテルの受付に、真っ黒なスーツで身を包み太い葉巻をくゆらせた大男が立っていた。身の丈190センチ以上はあるだろう。ぎょろりとした大きな目玉、典型的な中年オランダ紳士だ。

「ハロー、ミスター・サカガミ。アイアム・ジャック・フェレマン・オブ・ホランド・ヘラルド」と、大きな手を差し出した。世界最初の定期国際航空会社として有名なKLMオランダ航空の機内誌（インフライト・マガジン）広告部長フェレマン氏である。ぼくも日本人としては大男の方（178センチ）だが、がらがら声の彼には圧倒される。しかし、心優しいオランダ紳士だった。

「何だって、はるかに遠い極東の日本企業がオランダの俺の雑誌に広告を載せたいだって。今まで考えたこともないし、誰もいってきた人もいなかった。でも、本当にやるならもちろん歓迎するよ。コミッションはいくらいる。30パーセント（内、広告代理店手数料15パーセント）でどうだ。君とは直感で長くビジネスをやれそうだな」と、何と立ち話で決まってしまった。「サンプル・コピーは30冊を毎月、大阪のKLMオフィスで受け取れるように手配しておく。「ではコーヒーで乾杯するか」と、いいながら、彼はコーヒーとブランデーを交互に飲んでいた。メディア・レップ（媒体代表）は、国際広告（海外広告）業界の常識で、直接広告主と広告出稿契約はしない。必ず広告主指定の広告代理店を通じて契約する。だから媒体取扱い手数料（コミッション）にはA／C（エージェンシー・コミッション）15パーセントが含まれている。

すぐ東京ユーロプレス（ep）に打電した。電通本社海外業務局を通じて時計のセイコーが機内誌に興味を示してくれているのだ。また、その他カメラ・電気機器など日本企業からの広告出稿の可能性がある。いよいよメディア・レップ部門もユーロプレスで本格化しなければならない。

後で考えてみたのだが、誰の紹介もなく、自分一人で英文を作って、自分自身でタイプライターを打って郵送した手紙一通だけで、こんなに簡単に国際契約が決まるなどとは信じられないことであった。

後日談だが、ある日リーダーズ・ダイジェスト日本支社・大儀見支配人主催のレセプションが大阪のロイヤル・ホテルで催された折、スタンダード通信社大阪支社長・中谷氏がそばに来て「君の会社はメディア・レップもやっているらしいね。二足のわらじを履いているんだね、うまくやれよ」というので、「いやー先輩、ぼくはよく営業で歩き回るもんで、一足では足りないんですよ」と、二人で笑った。

4月5日の夕方、KL387でベルギーのブリュッセルに飛ぶ。機内ではKLM「ホランド・ヘラルド」誌を隅から隅まで読んでいた。「これは将来、日本企業の有力国際広告メディアになる」と確信している。以前、パンナムの「クリッパー」誌を見た時から、ずっと機内誌（インフライト・マガジン）のことが頭から離れなかったのだ。そして、ここにきてやっと機内誌はもっとも効率的な国際媒体の一つである、と自分の心が定まった。ちなみに、「クリッパー」誌は、ぼくのUPS時代の東京の先輩、ポール石井氏が日本代表を務めているが、彼はその後アメリカの最有力業界誌出版社マグロウヒルの日本代表となり、他の機内誌には興味を示していないようだ。

ブリュッセルは、ベルギーの首都だが、ここにはECの本部があり昔は鄙びた町だったが、今や『欧州の首都』とみなされている。不思議なことにベルギーには自国語がない。ブリュッセルや南部地域ではフランス語が、北部ではフラマン語（オランダ語）と一部ではドイツ語が話されている。一般的に英語はどこでもよく通じる。今回は、歴史と伝統のある高級ホテル、メトロポールに泊まった。ホテル一階中央のレストランなんかはまるで宮殿を思わせる豪華な装飾がちりばめられている。こんな所でゆっくり過ごせればいいのだが、ビジネスマンはそうはゆかない。

6日、ホテルに山水貿易部の奥山氏が迎えに来た。「これからアントワープに新設した山水オーディオ・ヨーロッパ社（SAE）に案内します。三宅部長と河内新社長がお待ちしています」と、車を走らせること1時間、でっかいアントワープ中央駅のすぐ近くの小ビルに着く。社内には山水本社から転勤の社員数名も健在で、河内社長、東京より出張中の三宅部長などと今後のヨーロッパ・マーケティング活動の協議を開始した。SAEはヨーロッパの販売戦略の拠点となるが、広告計画は当面、従来通り東京ベースで実施して、商品説明などの印刷物のみこの地のデ・キーというデザイン会社にまかせることになった。しかし、いずれはヨーロッパの広告計画・出稿もこの地から実施されるのは明らかで、その対策を練らなければならない。いずれベルギーにimの海外拠点を移転しなければならないだろう、と思う。

ブリュッセルに帰ると、かねてよりコンタクトしていた元KLM関係者でタレントとしても有名なジャン・ジャック・ファン・ベル氏と会う。彼が新しく出版を企画している全欧州をカバーする、英語の高級ニューズ月刊誌「ヨーロッパ・マガジン」（発行部数20万部以上）の日本代表をぼくに任せると約束してくれた。ヨーロッパ各国は、各国毎に言語が異なり共通語は英語にならざるを得ない。だからこの雑誌は編集内容によっては全欧最高の広告媒体に成長するかもしれない。また新しいユーロプレスの日本での活動、行動が拡がることになる。

7日、ブリュッセル中央駅にあるベルギー国営航空サベナの市内ターミナルより電車でザバンテン

(ブリュッセル)空港へ。ＬＧ７６２でルクセンブルグに飛ぶ。新築された近代的でスマートな新ターミナルには、ｉｐのギーがお出迎え、新緑が美しく閑散とした郊外風景に癒されながらルクセンブルの市内中心部に向かう。古風なホテル・クラバットは、市の中心・憲法広場に面していて、この広場から眺望するペトリューーズ峡谷とアドルフ橋の美しさと見事さは、恐らくヨーロッパ有数のものだろうと思う。

山水電気の欧州拠点がアントワープに移ったので、ここルクセンブルグでの我が社ｉｍの連絡業務は縮小されるが、ギー以下ｉｐの人達は、総ての判断をぼくにまかせて呉れるという。３年経ってまた別の方法を考えなければならない。

シェン氏とシュウ夫妻、ギーとぼくの５人でオーベルジュ・デュ・ムーランという田舎風レストランで旨いペッパーステーキをシェン氏にご馳走になった。「山水がアントワープに子会社を作ったが、米軍市場向けの広告キャンペーンは今まで通りやってもらったらよい」との了解をいただいて安堵した。

翌日、ＬＧ３０５で着いたフランクフルトでは、その米軍向け媒体、「オフ・デューティ」誌の面々に会ったり、宿舎インターコンチネンタル・フランクフルトで日経新聞・上山駐在員に会い情報交換を行った。

4月9日はグッドフライデイだ。イースターが始まると仕事相手はお休みが多くなる。この期間に鉄道旅行を体験してみたい。10日、フランクフルト中央駅（すごい大きな駅舎）発、12時48分、TEE（トランス・ヨーロピアン・エキスプレス）一等車に乗る。スイスのバーゼルからラインゴルト号となり、ベルン、ローザンヌを経てジュネーブに18時48分に到着した。ちょうど6時間だ。ジュネーブのレマン湖畔のホテル・ドラペは小じんまりとしたすばらしいホテルだ。11日はイースター休日。ジュネーブを13時15分に出て、レマン湖周辺、ローザンヌ、モントルー、シオンからブリーグを経てシンプロン・トンネルでアルプスを越えイタリアに入る。南欧だ。湖と草原の明るい平野が拡がっている。やがて、馬鹿でっかいミラノ中央駅に国際特急列車はすべり込んだ。夢のような一人旅であった。12日もイースター・マンデイでお休みの日、ミラノ市内を歩くが疲れる。大聖堂ドォーモの階段に座って休んでいると、昨日列車で会ったトニーという青年にばったり再会した。「ぼくはカナダのバンクーバーから来たのだが、いいところだよ。一度来てみないか」というが、仕事がないと行くわけにはゆかない。と思っていたが、その後なんと50回以上もバンクーバーを訪問することになるなんて、この時には想像すらできなかったのだ。

イースターホリデイも終わって、ミラノ・レナーテ空港からAZ446でドイツのフランクフルトへ、そしてLH763でハンブルグに戻って来た。ハンブルグ中央駅前のライヒスホフに泊まったがここでは仕事はなかったのでザンクト・パウリ地区のレーパーバーンやフライハイト・ストラッセを見学する。

一度は北欧も視察してみたいと考えていたので、4月15日、ハンブルグからLH026でフィンランドの首都ヘルシンキに飛ぶ。3時間の快適なフライトだった。ここは寒い。まだ雪が残っている。車で案内してもらった郊外の湖は凍り付いていた。雪も舞ってきたので、ここでは調査も何もなし、ただ行ったというだけで終わる。翌日、フィンランド航空AY785でスウェーデンのストックホルムに到着。空港バスで市内に向かうが、まだ夕方7時だというのに外は真っ暗だ。バスの中は静かで咳ひとつもない。みんなビジネス客ばかりで家路を急いでいるのだ。

北欧の雄、スウェーデンの首都ストックホルムはノーベル賞受賞式で有名だが、新旧市街があり、それが幾つかの島々で分かれているので、なんとも分かりにくい。ホテル・アマランテンに二泊した。翌日は土曜日だったが、メディア専門家アルネ・ベール氏が親切にも自分の車で案内してくれた。市庁舎とか王宮とか威厳のある歴史的建物が多くある。中世末のヴァイキング強国の歴史が感じられる。最後に訪れたWASAには感激した。1628年頃の大型木造海賊船がそのまま保存されているのだ。ずっと水をかけ続けなければならないので大変である。辺りは水びたしである。その後、高福祉国家スウェーデンの新興住宅街を見学した。自動車道と歩道が直接交差しないようにうまく工夫されているなど、いろいろスウェーデンから学ぶことは多いと思う。

18日は日曜日、ストックホルムからSK407でコペンハーゲンへ、1時間で着く。前回来た時にも歩いたストロイエを散策する。チボリ公園前に行ったが、公園には入場しなかった。元宮殿が国会議事堂になっていたりして見どころは多くある。

19日、コペンからSK551で再びアムステルダム・スキポール空港（空港都市略字AMS）に着く。KLMの本拠地だけあって、ブルーが鮮やかなKLM機が沢山並んでいて壮観である。アムスの中心街ダム広場の王宮裏にある、伝統あるホテル、ディー・ポート・ファン・クレーブに泊まる。これまでヨーロッパ各地で調査したメディアや市場の資料の整理だ。今回のヨーロッパ出張は20日間の長期に亘っていた。日本の方が心配である。早く帰りたい。

4月20日、アムステルダム（AMS）発13時30分、KL851の機種は、ソ連アエロフロートの（IL62）で、モスクワ経由だった。機内はがらがらで、三席続きの急造ベッドでよく眠った。

「オーロラが見えるぞ」と、誰かが叫んでいる。皆んな一斉に左側の座席に移るものだから、飛行機が傾くのでないかと心配する。長く伸びる青や黄色の光の流れを見て感激だ。そして東京・羽田空港（HND）には21日、16時に無事着陸したのである。

愈々、メディア・レップ業もやることになった。よくよく考えた末のことだから自分自身の心に矛盾はない。ただ山水の海外広告を一手で引き受けていることで、他の広告代理からの攻勢をどのように受け止めるかである。自信はある。レップ業はユーロプレス（ｅｐ）を前面に出して業務を始める。山水の海外広告業務はインターマート（ｉｍ）の仕事であり手を抜くことは絶対にない。誰が何といおうともこの方針は貫ぬいていく。しかし、長い将来を見つめる時、生き残るためにはなんらかの転身をはかる道も考えておくべきだろう、と思う。

ある日、東京のタイム誌の中田営業部長が言っていた。

「日本で小規模な海外広告代理店なんて存続しない。それは大きな代理店の国際部門のやる仕事だよ。海外専門というならそれはメディアのサービス業ですね。すなわちメディア・レップと同じ次元のものだよ」と。

その通りだと思う。

どうあろうと、今はやり始めた仕事はおもいきりやってみないと。やれるところまでやる。それで駄目ならやめることだ。村田英雄の「人生劇場」の心境である。まずサンスイのヨーロッパのｉｍの戦略拠点は、ルクセンブルグよりベルギーに移すことであると考えている。

１９７１年12月、ニクソン・ショックがあり、初めて日本円が切り上げられ１ドル３０８円となり、円は変動相場制となった。
日本の輸出企業にはかなりの悪い影響が出るのではないかと心配だが、それでも日本経済は益々強くなり続けるようである。

この頃は日本国中ゴルフ・ブームだった。海外（国際）広告業界でも、東京では電通海外業務局主催のデンツー・インターナショナル・ゴルフ（DIG）会や、博報堂国際局主催の博友会ゴルフ大会が、年に一、二回開催されていて、毎回40〜50人が参加している。それ位海外広告人も増加しているのだ。

大阪でも有志が自主的に組織したOIAM（大阪国際広告人）会ができて親睦のゴルフを楽しんでいる。メンバーは15名位で固定せず、海外広告に携る広告代理店と外国の出版社の大阪支社やメディア・レップの連中がメンバーになっている。

ぼくが最初にOIAM会で優勝した時、大阪北の料亭「浜吉」（経営者はわが家「牡丹園」先代の元従業員だった人）で、一席持ったが、その時の出席者は、「ジャパン・タイムズ」の渡辺氏、「リーダース・ダイジェスト」の小寺氏、「ニューズウィーク」の村上氏、新アジア貿易通信社の中農氏（後の関大教授）だった。その他OIAMメンバーには、大阪電通の早津、博報堂の川合、スタンダード通信社の中谷、「ライフ」誌の伊藤、「タイム」誌の大木と村瀬、大広の十合、中原各氏などがいた。また万年社や「アサヒ・イヴニング・ニュース」、三元社などもメンバーだった。（ぼくはその後2回位優勝している）。

1972年、田中角栄が首相となり「日本列島改造論」を唱え始めた年。サッポロ五輪では日本ジャンプ陣が70メートル級で金、銀、銅を独占した年である。

この年ぼくは再び北欧へ向かった。といってもオスロー（ノルウェイ）だけだが、山水が北欧にも販路を拡大したい意向を受けての視察渡航だった。

5月21日、東京・羽田を11時に出たSAS機、SK982は、モスクワ経由でコペンハーゲンに同日午後到着する。夕方、SK636に乗り換えてオスローに20時に着いた。

オスローは港町で、カラフルな木造の建物が多いが、町の中心街はさすがに重厚な歴史的ビルが立ち並んでいる。人口の少ないノルウェイには専門誌や業界誌は少ない。広告媒体としては、「アフテン・ポステン」などの日刊新聞を使うしかないようだ。

夏でも涼しいオスローで、雨のそぼ降る寒い朝、暖かいアストリア・ホテルでの朝食に出ていた、新鮮なニシンの酢漬けの味は忘れられない。

マーケティングを研究するためには、マーケットを知らなければならない。まず何よりもその国、その町に行くことである。その地の空気を吸って、その地の人々に会うことで、その地の雰囲気を感ずることができるようになるのだ。

オスローで風邪を引いたようで、BE783で着いたロンドン（ヒースロー空港の略字はLHR）では、ロイヤル・ホースガード・ホテルで半日寝てしまった。翌日、24日、ある業界誌のことで文通していたレイデン出版社に行く。経営者ビル・フッド氏は明るくて気さくで、初対面から親しくなった。最初から、「ビル」「ヒロ」と呼び合う。ビルは、ぼくより少し年長のようである。

「ヒロ、君が狙っているBOACの機内小冊子「ウェルカム・アボード」誌は間もなく廃刊となる。BEAと合併してBAとなったイギリスの大航空会社の新しい機内誌は、ぼくが発行する」と豪語する。本当にビルがやるなら、ぼくは有利な立場にあるのだが、はたしてそうか、それはわからない。ビルは非常に親切で、色々な業界誌、専門誌を紹介してくれる。本当にありがたい。

翌日、ぼくの友人でインターマートの駐在員を兼務してくれているレックスが来たのでロンドンで有名なレストラン「ルールズ」で昼食だ。ここには各界の有名人が出入りしていて、料理が美味で非常に人気が高い。魚料理に合わせてブルゴーニュ産の白ワインを賞味して感銘を受けた。

ビルの紹介で、WHS広告社を訪問し、取締役ダビドソン氏とスティブンス氏と会話。WHSは英国全土で有名な大手書籍販売会社でWHSの本屋はロンドン市内に沢山あり、ヒースロー空港内の書店は殆んどWHSである。子会社WHS広告社は、ヒースロー空港内のネオンサイン（電飾）広告、看板広告を一手で握る堅実経営の広告会社だ。「日本でロンドン・ヒースロー空港内広告に興味あるお得意先があれば、いつでも連絡して下さい」と、ダビドソン氏。彼は正真正銘の英国紳士である。連絡はお互いに手紙を交換して続けることになった。ビルの紹介に感謝する。

26日、ロンドンからPA056でパリへ。そしてその日の内にドイツ北部のハンブルグへ行き、中央駅前のオイローペイシャ・ホフに泊まる。ここではビジネスはない。エルベ川と外アルスター湖、内アルスター湖の間にあるルネッサンス様式のハンブルグ市庁舎ラートハウスは堂々としている。正面上部壁面には中世の神聖ローマ帝国の初代皇帝オットー一世以下、歴代皇帝像がずらり並んでいて壮観である。また近くの丘には、近世のドイツを強国に導いた「鉄血宰相」ビスマルクの像が立っている。ここでは仕事はなかった。翌28日（日）LH703でフランクフルトへ。新装のインターコンチネンタル・ホテルに泊まる。何度もここに来ているが、まだレーマーや大聖堂などを見学したことがない。

サンスイの欧州広告拠点をどうするか、で悩んでいる。ベルギーにもオランダにも候補はあったが、ドイツのケルンにもいい会社があった。ロバート・プッツという制作会社で、広告代理店として日本企業の仕事も手掛けている。そこで翌日、近くだが飛行機好きだからしようがない、フランクフルト空港からLH850でケルン・ボン空港へ飛ぶ。なんと30分だ。ロバート・プッツ氏が自分のロールスロイスでお出迎えだ。ここは基本的には制作デザイン部門が主力なので、マーケティングには弱い感じがして駄目だと思った。帰ろうとしたら突然ルフトハンザ航空は全面ストライキに入ってしまった。プッツ社の社員が運転するBMWでアウトバーンを130キロ以上で猛進して、1時間30分でフランクフルトのホテルに帰館した。仕事もないのにいろいろとお世話になっている。インターコンテには、「トレーディング・ポスト」誌のジュッド・フレンチ氏がぼくを待っていてくれた。30日、LH401で、ドイツ南西部のスチュットガルトへ飛ぶ。中央駅前の大ホテル、グラーフ・ツェッペリンのラウンジ・バーで音響関係の専門家と称するホルスト・ブルーム氏と会談する。彼はワインやビールをがぶ飲みして真っ赤になって酔っぱらってしまったので話も何もできずじまいだった。でも、彼が翌年京都に来た時、ぼくの車で二条城や金閣寺を案内してやったのだ。しかし結局ビジネス関係は何もなかった。

また翌日、AF757でパリを訪れ、シャンゼリゼにある伝統あるクラリッジ・ホテルに一泊する。パリでの仕事は、高層建築が建ち並ぶ新市街デファンスでラジオ・TV・ショウが開催されていて、サンスイ製品も展示しているので見学することである。しかし、山水の社員は誰もアテンドしていなかった。

6月1日夕方、パリ北方、歴史的に有名な小空港ル・ブルージェから、小さな飛行機フォッカー・フレンドシップLG206でルクセンブルグに向かう。もう何回もこのフィンデル空港の入国審査を受けているので要領は得ているが、ギーが出迎えに来ていて、閑散とした田舎道を走って駅前のエルドラド・ホテルに入る。

ルクセンブルグはいつ来てもいい所だなあ、と、つくづく思う。しかしここでのビジネスは無くなりつつあるのだ。ギーもクロードもそのことは既に了解済みで、今後共ipとimの友好関係が永続することは、確認されている。次の日の午後、市の郊外キルシュベルグの展示場ホワールにクロードと行く。毎年恒例の国際商品見本市で、オーディオ・コーナーにはサンスイをはじめ、アカイ、パイオニア、サンヨー、ソニーなど日本製品が衆目を集めていた。ワイン・コーナーでは可愛いミス・ルクセンブルグ1972が勧めるので、南仏のシャトー・ヌフ・デュ・パペという濃い赤ワインをいただいて悦に入っていた。

ルクセンブルグ大公国は35万人の小国だが、今やECの中枢都市として政治的にもブリュッセルに次ぐ重要な地位にあり、人の出入りも多くホテルも次々と開業している。その一つフィンデル空港に隣接する近代的ホテル、アエロゴルフ・シェラトンがオープンした。このホテルのお隣りにこの地で唯一のグランド・デューカル・ゴルフクラブがある（ここの入会資格は非常に厳格だ）。6月3日、ヨーロッパで初めてゴルフをした。樹木が繁っていてフェアウェーは狭く、距離は短いが非常にむずかしい18ホールであった。一緒に回った米国人は開口一番「君はサンスイの関係の人だろう」という。この地でサンスイは有名なのだ。

土曜日の午後、クロード・カーン夫妻とドライブ、ドイツとの国境を流れるモーゼル川沿いを走る。ポーメルダンジュ、レーミッヒと上ってセント・マルタン・ワイン醸造所で試飲した。暗い地下のセラーには沢山のワイン樽が並べられていた。その後マッテス・レストランで本当に旨い小魚のフライと白ワインをご馳走になった。まさに至福の時間であった。

4日、日曜日、クロード夫妻との約束で、一緒にブリュッセルまでドライブする。もちろんぼくの旅行バックは車のトランクに入っている。道はあまり良くない（今は高速道路がある）。ミューズ川沿いに聳える古都ナミュールの古城を仰ぎ見て走ること3時間、ECの首都ブリュッセルに到着した。今回はルイーズ広場近くのヒルトン・ホテルにチェック・インする。クロード夫妻とは「明日また会おう」と別れた。さあこれからベルギーでの提携代理店選定の大仕事が始まるのだ。候補は何件か上がっているが、ほぼ二つ位に絞ってある。

6月5日、ブリュッセル北駅（ガール・ドゥ・ノール）近くの中堅広告代理店内で、IAAブリュッセル支部の昼食カクテル・パーティが催されていた。ここで待合せをしていたロベール・ソワイヤー氏と会う。中年で中背で、腰の低いベルギー生まれの紳士である。英語はそんなにうまくない。「私は、20年の広告代理業の経験を生かして、今度独立した国際的なエージェンシーを立ち上げることにしました。お手紙にありましたあなたのご要望とご期待に応える用意と覚悟はできています。詳しいお話しは別室でやりましょう」と、案内される。

彼の新会社名は「プルス（PLUS s.a. 英語ではプラス）」、新事務所はテルビューレン街にあり、スタッフは、社長ソワイヤー氏以下5名。お得意先はベルギーの中小企業だが、5、6社持っている、と言う。「サンスイの広告出稿に関しては、国際誌などは日本でコントロールしているので、こちらではヨーロッパでの業界誌、専門誌への広告などだけで売上高はそれ程多くはない。むしろアントワープのSAEとの連絡事務が当面主体となるのだが、それでもよろしいか」と、問うと「もちろんOKです。われわれはわれわれの努力による将来に期待しています」と、力強く言う。彼の温和で、そして情熱的性格からすると、プルスがいいかもしれない。

ipのクロードに再会。アントワープに知り合いの広告代理店があるとのことで車を走らせる。

ちょっと古風なロッセルズ・エージェンシーを紹介してくれたが、社長は日本企業に興味を示さなかったので、ここは駄目だ。フラマン語圏にはいい広告代理店は少ない。

夕食は、ぼくのおごりで、ブリュッセル・ヒルトン近くの中華料理店「味園」（ミングス）で、焼き飯などをクロード夫妻にご馳走した。ここで3人で空けたボージョレー・ヴィラージュ（赤ワイン）はことのほかおいしかった。日本ならビールになるのだが、ここヨーロッパではワインが食中酒となっているのだ。

6日、ブリュッセル中央駅より一人で列車でアントワープへ。1時間はかからない。駅に近い山水のSAE事務所を訪問し、河内社長と寺田氏と面談。基本的にプルス・エージェンシーとインターマートとの提携契約にOKを得た。

「彼らがどれだけ山水のヨーロッパ・キャンペーンに役立ってくれるかが問題です。一所懸命やってもらいたい」と、河内社長から激励された。

ブリュッセルに戻って、夕食にソワイヤー氏宅に招かれて奥様の手料理、チキン・スープ主体のベルギー料理をご馳走になった。ワインはボルドーの赤ワイン、メドック産のようである。

「一番大切なことは、日本流のメンタリティーを理解するよう努力することですよ」と、ぼくはソワイヤー氏に進言したが、日本企業をお得意先とすることの苦労は、ヨーロッパの人達ではちょっと理解できないのではなかろうか。それが心配である。誰か日本人営業マンが「プルス」のスタッフに加わることが一番の解決策かもしれない。翌日、「味園」とヒルトン・バーで再会したソワイヤー氏とは提携に基本的に合意した。そしてプルス社の名の下にインターマート・ヨーロッパ・オフィスの名を入れて、事務所人口に掲げるよう要望した。本契約は、来年2月、ぼくの再訪時に行うことを約してブリュッセルを後にする。

8日、ブリュッセルよりサベナ航空SN373でアムステルダムへ。スキポール空港で以前手紙を出してあったトランスアビア航空関連広告会社ユーマック社のエヴァン・ダイク氏と会う。空港内の立派なオフィスで話し合う、がすでにぼくの肚は決まっていたので、話は進展しなかった。

アムステルダムはオランダの中心都市で、町中に運河が流れ、川沿いには緑の樹々が茂る実に美しいところだ。町の中心地には王宮広場に面して伝統あるホテル・クラスナポルスキーがある。ここに泊まっているのだが、昨年来、日本代表に指名されたKLMオランダ航空・機内誌「ホランド・ヘラルド」の広告部長ジャック・フェレマン氏がホテルに現れた。

「どうだい日本は、セイコー以外に新しい広告主は見つかったか。急がないがうまくやってくれ」と、例の如く太い葉巻をくゆらしている。夕方になってバー・キャステルや、ナイトクラブ「ブルーノート」に案内してくれる。最後はホテル・オークラのバーだ。ジャックは実に楽しいおじさまである。

「KLM機内誌を売り込むため今年後半には東京に行くのでよろしく」とのこと。これは頼もしい限りである。9日には彼のオフィスを訪問、ジャックの秘書エディ・ボーウェンシュ、編集長ベルノン・レオナルド、副編集長ケン・ウィルキー各氏を紹介してもらった。オランダ人は大概日本びいきで親しみやすい。

KLMは世界有数の大航空会社で、KLMとは王立オランダ航空のオランダ語略称だ。「ホランド・ヘラルド」誌の発行元は、ロイヤル・スミーツと呼ぶ大きな印刷・出版・物流の企業で、KLMと提携して機内誌（月刊）を発行して数年になる。

ぼくはジャックの勧めで、新しくできた日本のホテル・オークラに宿を変えたが、ジャックと「山里」で焼き鳥をほおばった、なかなかいける味だ。10日には、国立博物館で大きなレンブラントの絵を見たり、レイチェプレインの繁華街を散策したりしてアムスを満喫した。夜はオイスター・バーに行った後、オークラのバーでコニャックを嗜んで夜が更けた。

KLMは、世界で最初の国際定期航空路を開設したエアラインだが、小国オランダのアムステルダムを本拠に世界各地に限りなく航空路をもつ、大航空会社の一つである。

6月11日（日）、ぼくは3回目の大西洋横断に出た。アムス・スキポール空港からKL641でアトランティックを越え、米国ニューヨークに向かう。機内に入って見て驚嘆した。まるで劇場の客席のように横10席もある座席が並んでいる。なんと広い機内だろう。就航して間もないボーイング・ジェット機B747だ。別名「ジャンボ」機と呼ばれている。離陸時の騒音も少なくスムーズな快適飛行を約束してくれる。

ぼくはKLM機内誌の日本代表だから、座席前にあるシート・ポケットから「ホランド・ヘラルド」誌を取り出して、隅から隅まで読んでいた。素晴らしいステレオ音楽がヘッドフォーンから流れている。食事中のワインのお蔭で、静かに目を閉じてまどろんでいる内に7時間が過ぎ、アメリカ大陸に到達していた。

ニューヨークでは、ロイヤル・マンハッタン・ホテルに泊まる。このホテルは今はない。ここでスリに遭ったので印象の悪い所であった。

翌日、約束していたTWAのポールセン氏と会う。TWA（トランス・ワールド・エアライン）はPAA（パンナム）に次ぐ米国の大航空会社だが、TWA機内誌「アンバサダー」を日本で代表することに合意した。

米国市場は広大で、一つの世界を形成している。だから日本企業の多くは、米国内に販売拠点を持っていて、米国内の広告活動は殆んど米国の広告会社で処理しているので、我々の入り込む余地は少ないのだ。ただＰＡＡやＴＷＡのように世界に旅する客も対象とする広告活動は一応国際広告の範疇に入るので我々の仕事となる。その後、アメリカの国際航空会社、デルタ航空の「スカイ」誌やノースウエスト航空の機内誌も、ｉｍで代表することになる。

その後、「サタデー・モーニング・ポスト」誌のハーツ氏と会ったが「うちは日本代表は置かない。それより、今夜暇ならすばらしいディナー・ショウに行かないか。ぼくは行けなくなったので、この招待券を君に譲るよ。どうぞ」と、親切なアメリカ人の好意で、グランド・セントラル駅から北に伸びるパークアベニュー大通り右側にある、全米一と称される伝統の最高級ホテル、「ウォルドルフ・アストリア・ホテル」に行く。玄関には大きな星条旗が翻っている。ふかふかの絨毯を敷き詰めた二階大ホールに大勢の紳士淑女が集っている。歌や踊りで華やかなショー、シャンペンと豪華な料理を堪能したが、同席したアメリカ人達の早口の会話についてゆけず往生した。

山水アメリカやフランク・バースの面々は、シカゴでのＣＥＳ（コンシューマー・エレクトロニクス・ショー）に出かけていたので、ぼくも追っかけてシカゴに行くことにする。

13日、ニューヨーク市の北東にあるニューヨーク第2空港ラ・ガーディアを午前10時に出たアメリカン航空ＡＡ２４３は11時7分にシカゴ・オヘア空港に着く。空港バスでシカゴで最も歴史のある大ホテル、コンラッド・ヒルトンに着き、チェックイン。日本から出張中の山水の幹部社員もここに長く滞在中で、山水貿易部の榎本氏、宣伝部の前園氏などに会った。

大きくて海のようなミシガン湖上に突き出たようにその威容をみせている、マコーミック・プレース展示場で盛大なCESが繰り広げられていた。サンスイ・ブースには、山水アメリカの多田社長、広告代理店のフランク・バースとルー・ゴールドバーグなどがアテンドしている。ニューヨークのCES同様、一般人は少なく電気・オーディオ関係業者達が熱心にサンスイの新製品を吟味中である。この会場で、「スポーツ・イラストレイテッド」誌日本広告部長で有名人、ゴルフ解説者でもある金田武明氏と初対面、以後、金田氏のゴルフ談義の愛読者となった。

夕食には山水の面々と同席し、その後、榎本氏と二人、ビア・スチューブで長く話し合った。榎本氏は、青学の大学院出の秀才で誰よりも山水の海外マーケティングを熱心に考え、取り組んでいる。その後、彼は山水本社の海外広告関係の担当者となったので、長く付き合うことになる（最終的に榎本氏は、山水電気の社長に就任している）。

14日、オーディオ・コンファレンスや、タイム社のプレゼンテーションなどあったが、時差ボケなどで2時間ほど昼寝をし、外に出ると物凄い雷雨がありホテル周辺も辺り一面水浸しとなった。ミシガン湖は雨しぶきで灰色に煙っていた。

これで今回の出張業務は終了し、今後はアメリカ大陸の新しい市場の見聞となる。

15日、シカゴ発11時のユナイテッド航空UA143で西海岸シアトルまで4時間のフライト、すぐ乗り換えて、カナダ西海岸の主要都市バンクーバーを初訪問した。時差があって午後1時50分に着く。念願かなって憧れのバンクーバーに来たので小躍りしたい心境である。明るい港町、小じんまりとした綺麗な町でここには一度は来てみたいと念願していた（まさか、その後、59回もこの町に来ることになるなんて、全く考えていなかったのだ）。

ジョージア・ホテルの地下スチューブでは、ドイツ人達がビール・パーティをやっていて騒がしかった。16日の帰りの飛行機は、バンクーバー（空港略字YVR）発15時のCP401の東京羽田行きで、カナディアン・パシフィック航空「機内誌」に初対面した（後年、この機内誌も日本で代表することになる）。東京羽田（TYO・HND）には日付変更線を越え、17日、17時55分に着く。羽田空港には我が社imの三島君、epの江草君が出迎え、羽田から伊丹に着くと、ワイフ、息子、娘と、父、それに親戚でドライバー役の浩介君が来ていてくれてメニー・サンクスだった。3回目の世界一周旅行が終わった。やっぱり疲れる。

これまで夢中でがむしゃらにやって来たのだが、いよいよ会社としての基礎固めをしなくてはならない。

山水の海外広告は、三宅貿易部長よりA／Eに指名されている以上、どんなことがあってもやり遂げなければならない。それがｉｍの設立時から支援いただいている人々に報いる道である、と信じている。日本から海外へのメディア・サービスとトラフィックは別段問題はないが、現地（ヨーロッパ）での共同作業となると、現状ではブリュッセルのプルス・エージェンシーを活用するしかないと、考えている。

一方、ｅｐの仕事、媒体代表業務メディア・レップも本格的に育てなければならない。国際航空会社の機内誌（インフライト・マガジン）に特化するのもいい考えだ。機内誌広告は世界でいま始まったばかりで誰も手をつけていない分野である。日本一のインフライト・ビジネスの会社にするのだ、と意欲満々であった。

１９７３年1月24日は、ぼくの37歳の誕生日だった。ＪＡＬ便で、東京羽田（ＨＮＤ）からロンドンへ。モスクワ経由だから当日夕方に到着する。ヒースロー空港（ＬＨＲ）に、ぼくの（ｉｍの）駐在員役のレックスがお出迎えだ。またロンドン・ヒルトンに泊まる。「ここは、今回のヨーロッパ出張の第一歩（ファースト・ステップ）だ」と言うと「おお、でかい股だなあ」と、レックスがからかう。イギリス風だ。

友人ビル・フッドに会うと「BAの機内誌はぼくがやる。今準備中だ。アメックス・カード・マガジンもうちでやる、その暁には君に日本代表をやってもらう」と、強気だ。本当かどうか今は解らない。イギリス人のかけ引きには日本人はついてゆけそうにない。世界のトップクラスのエアラインBAの機内誌だから多くの出版社が競って発行権獲得に奔走しているのは事実である。

夕方、レックスとロースト・ビーフで有名店「シンプソン・イン・ザ・ストランド」で食事。イギリス料理はまずいと言われているが、ここのロースト・ビーフは秀逸である。食後の葉巻とポートは絶妙の味だった。

ぼくはこの頃ゴルフに凝っていたし、レックスがスコットランド製ヒッコリー・パターを日本に輸出したいというので協力を依頼されていて、エディンバラに行くことになった。もちろん一人旅である。またぼくは栃木県に新しくできたニュー・セントアンドリュース・ゴルフクラブ・ジャパンの初期メンバーであったので、NSAJ浜田社長の紹介で、伝統あるオールド・コースを所属プロのジム・ファーマー氏とニュークラブ・キャップテン、イアン・ジョイ氏と回ることになった。最初のラウンドは、48、48だった。アベレージ・ゴルファーとしては決して悪い出来ではない。そのため4日ほどロンドンを離れていた。

30日、ロンドンに帰ると、昨年も会ったWHS広告社のスチーブン氏とブリッガー氏がぼくを待っていた。WHSはロンドン・ヒースロー空港内の屋外・屋内看板広告などを独占して取扱っている。日本のある銀行が、この第3ターミナル（大陸間航空専用）屋内に電飾ウィンドウ・パネル（横に5メートル以上ある大きなもの）を設置したい、と希望していたので、ぼくがWHSに申し入れた。「もちろんOKです。さっそく見積書をお送りします」との色よい返事で一安心だ。夜は、レックスの家族とシャーロックホームズで有名なベーカー街の「フラナガン」で食事。伝統的なイギリス料理店だが、日常的な味で、決して高級料理ではない、素朴な夕食を楽しんだ。

1月31日、この日は結婚記念日だ。もう何年になるかなあ、と数えてみたら11年目だった。激動の日々だったので全く覚えていなかったのだ。すみません！

今日はいい天気で、1月とはいえそんなに寒くない。ヒルトンからタクシーで、冬でも緑の芝生が青々としているハイド・パーク沿いを走って、ナイツブリッジへ。そして重厚な建物群を過ぎて、ウエスト・ロンドン・エア・ターミナルに着く。ここから空港バスでヒースローに向かう。第2ターミナル（ヨーロッパ間フライト専用）11時30分発のBE512でアムステルダムへ。LHRとAMSは短いフライトだが、昼食が出る。これで一食たすかるのだ。

アムスでは、アムステル川沿いのヒルトンにチェックインする。居心地のよいホテルである。二年前ここでKLM航空機内誌「ホランド・ヘラルド」の日本代表が決まった記念すべき所だ。夕方、その「ホランド・ヘラルド」誌の面々が集まった。編集長V・レオナルド、副編集長ケン・ウィルキー、スタッフのリック・ウィルソン、秘書ローラ、主役の広告部長ジャック、フェレマン各氏である。賑やかで打ち解けた会合だ。日本の会社のように堅苦しい売上目標などの話は一切なし、これから如何に楽しく仕事をするか、といった話題ばかりだった。

「ホランド・ヘラルド誌は、ヨーロッパいや世界の最初の機内誌の一つで、まだ他の有力航空会社でも機内誌を持っていないところがあります」と編集長。

「機内誌は他のニューズ誌とは違って、戦争や事件の報道は控えます。旅行や歴史、ファッション、スポーツなどの情報を中心として、機内で乗客がくつろいで楽しめる記事に特化して編集します」と、ケン副編集長。

「オランダは、いつも世界に先がけています。歴史的にも最初にアジアやアメリカに出て行ったのはポルトガル人、スペイン人とオランダ人です。その後にイギリス人がやって来ました。日本にも、江戸時代、鎖国の日本の長崎で出島を通じて商売をしていたのがオランダ人です。だから今も親日的なのです」と、ジャック。

彼らとは長い付き合いになりそうだ。会合のあと、ジャックと、インドネシア料理「バリ」や以前にも行ったバー「キャステル」に入って、夜が更けた。

ｅｐで代表している英文月刊誌「ヨーロッパ・マガジン」は、発行者ファン・ベル氏によれば、発行部数が22万部に達したとのこと。各国によって言葉の違う欧州で、共通語は英語になり、若い世代での人気度は高い。将来性のある好媒体であると思う。

2月になった。ヨーロッパ大陸の冬は寒い。厳しい風が肌にしみる。ＫＬ２３３で、アムスから西独のデュッセルドルフへ飛ぶ。滔々と流れるライン川の岸部は大きな樹木で覆われていて、美しい景観である。川沿いのデュッセルドルフ・ヒルトンに泊まったが、ここではビジネスはない。ただドイツで最も権威のある経済新聞ハンデルスブラットのカルフィート氏と会う。日本では日経新聞と取引していて、われわれ弱小会社では太刀打ちできそうにない。

2月2日、昼頃デュッセルから列車で下って、すぐケルン駅に着く。駅前に聳える大聖堂はあまりにも高いので尖塔が見えない。タクシーで10分位、ケルン・インターコンチネンタル・ホテルにチェックインする。

愈々この時がきた。

ホテルのタクシー・ドライバに、「ドイツ国営航空会社ルフトハンザＫＧに行ってくれ」と、いうと一瞬驚いたようで、あんな大きな会社に行ったことがないとのことだ。雪交じりで濁っているが、悠々と流れる大河ラインの橋を渡って少し郊外に出たところに、ドイツ国営航空会社ルフトハンザの本社がある。本社建物は奥の方にあってかなり離れて正門があり、ゲートバーが架かっている。「もうここからは入れません」と、タクシーの運ちゃん。「じゃ、いいよ」と降りたのだがハタと困った。ぼくはもちろん一人だが、辺りに誰もいない。まあいいか、何とかなるだろう、と思った。

インターホーンのようなもの（この頃では日本では珍しいもの）を押した。さすがにドイツ（西独）だ、この頃からセキュリティが強化されていたのである。

ぼくはびくびくしていた。すると応答があった。

「ビッテ？」

ドイツ語だ。かまわず英語で話した。

「私は日本から来ました。広告部のレナーテ・シュナイダーさんにお会いしたい」

「どうぞお入り下さい」と、英語で応答があった。するとバーが音もなく自動的に上がったので驚いた。石畳の道路をかなり歩いてオフィスの玄関に至り、受付の女性にまた同じことを言った。レナーテ女史は直ぐ現れたのでホッと安心する。もちろん日本より事前に手紙を郵送してアポイントを取ってあったので、彼女はぼくを待っていてくれたのである。中年で背が高くチャーミングな美人で、名刺にはアド・マネージャーとある。広告部長か課長職だろう。日本ではまだ女性のマネージャーは少数である。

応接の席に着くなり彼女は言った。

「うちの航空会社が発行して機内に挿入しているドイツ語と英語で地図付の機内誌「ログブック（ボルドブッフ）」に日本から広告を載せたいという話だけど、本当にそんな日本の会社があるの」と。

ぼくは率直に答えた。

「はい、そうです。日本の数社が広告掲載を希望しています。もしぼくの会社に任せていただければ直ぐにでも結果をお示しいたします」と強気で言った。

「ちょっと待って」と、彼女は奥に消えたが、すぐ戻って来た。

「わかったわ。あなたに任せます。ただし年2回発行で、今年の分は全部うまっています。広告数は制限されていますから。来年1月から6カ月の契約なら大丈夫でしょう」と、大変好意的で初対面とは思えない。

「ただし、コミッション（手数料）は25パーセントですよ」と念を押されてしまった。これならepは10パーセントしか貰えないが、それもやむを得ないか。相手がデカ過ぎるのだ。

ホテルに帰ると、直ぐ東京へ電報を打った。そのために各会社はケーブル・アドレスを国際登録している。「ルフトハンザ・ログブックを日本で代表することになったので、直ちに電通海外業務局と博報堂国際局に連絡せよ」と打電。その2カ月後に、セイコーのオーダーが入り、ぼくはリナーテ女史との約束を守ったのである。国際的業務は信用と約束厳守が最も大切である。ちなみに、「ＬＨログブック」の発行部数は6カ月50万部、広告料金1頁ドイツ・マルク３２、５００（日本円で約3百30万円位）の大型契約である。ルフトハンザ航空の１９７２年度の乗客数は８５０万人、そのうち70パーセントは、ドイツ人以外の世界の各国人が乗っているのだ。これはすばらしい国際広告メディアである。ルフトハンザが、ヨーロッパでＢＡ（ＢＯＡＣ＋ＢＥＡ）、エールフランスと肩を並べる大航空会社であることは今も変わらない（現在は、エールフランスとＫＬＭは提携して一つの企業となっている）。

今日の快挙を祝って、一人でケルン大聖堂横のアルテ・ケルン・アム・ドムで旨いドイツ・ビヤーで乾杯した。これでどうやら機内誌（インフライト）ビジネスも本格的に軌道に乗りそうである。

4日、日本では立春、西独のケルンは霧が深くて大聖堂の上半分が隠れて見えない。大きなケルン駅からＴＥＥサファイア号で、ブリュッセル・ミディ（南駅）に向かう。料金は一等車（ＴＥＥは全車一等）で43マルクだった。がらがらで、快適な列車の中で色々と思い出した。

田舎生まれなのにぼくは、何故か戦後すぐの新制中学生の頃から、なんとなく英語が好きだった。

だからといって特別に勉強をしたわけではない。大学（同志社）では、英語のクラブに入ろうと勧めてくれた友人もいたが、ＥＳＳにも入らなかった。同志社の京都今出川校地内に、当時付属の商業高校(定時制)があった。緑の樹木が茂るキャンパス内で冷泉家の傍である。そこで英文タイプライターの講習があるとの貼り紙を見たので十回ほど通った。机の上に重くて馬鹿でっかい、手動式の機械が乗っている。この米国製アンダーウッド・タイプライターで一通りの手紙ぐらい打てるようになった。これが後年非常に役に立ったのである。

１９７１年から、東京の赤坂レジデンシャル・ホテル（ＲＨと略す）に事務所を構えていた（何室かあったが、２０１６年の今もインターマートが1室を使っている）。

ＲＨは本当によくできた宿泊兼オフィスビルで非常に便利だった。昼夜を問わず出入が自由で、夜でもロビーには明りがあり、ガードマンが常駐している。だからここには政治家や芸能人、法律家のオフィスがあり、色々な人が出入りしていた。ぼくの仕事は、昼間は営業だから、事務は夜になる。毎晩夜中までレミントン製電動タイプを叩いていたのでさぞ近所迷惑だっただろうと思う。

ＩＡＡ名簿（ラスター）を頼りに英文の手紙を書いて送るのがぼくの日課だった。今回のルフトハンザ社、レテーナ広告部長との契約も、誰の紹介もない、ぼくの未熟な英文手紙がきっかけなのだから驚きである、などと思い出していると、列車はブリュッセル南駅に滑り込んでいた。

ロベール・ソワイヤー社長、ジョン・スクワイヤーと会議

ブリュッセル・ヒルトンにチェックインすると、直ぐ提携代理店プルス・エージェンシーに向かう。ロワ通りを東へ、EC本部ビルを過ぎ、広い美しい公園とサンカントネール門を過ぎ、なお東へ歩くと、スクエア・モンゴメリー交差点に至るのだが、その手前、120、アベニュー・ド・テルビューレンにプルス社はある。ここが間もなく我がインターマート・ヨーロッパ・オフィスとなるのだ。玄関を入ると広い廊下、手前から社長室兼応接室、次いで営業部、経理総務部と続いている。各部屋は大きなガラス窓で仕切られているので、よく見渡せるし、明るいオフィスである。

5日、一人列車でアントワープに行き、山水ヨーロッパ会社（SAE）の河内社長、佐々木、奥山氏などと面談。プルスとの提携の件を含めて色々と協議する。「今、こちらでは制作などでデ・キー・エージェンシーに依頼しているが、彼らは国際感覚が欠如していて満足していない。是非プルス社に期待している」と河内社長。「多分二月末頃、制作デザインを含めた山水のための総合的プレゼンテーションをプルスが行います。それでＯＫが出れば、東京から我が社の江草君をプルスに転勤させ、山水さん担当にします」と、ぼくは言明した。

プルス社前でロベール・ソワイヤー氏と

夕方、プルスのロベール・ソワイヤー社長と豪華なムール貝とロブスター料理を楽しんだ。そしてナイト・クラブにも行った。夜、寝ながら考えていた。江草君がこちらに来るとなると、かなりの出費を覚悟しなければならない。はたして採算ベースに合うのかどうかだが。

6日、かねてより手紙で連絡をとり合っていたのだが、エールフランスの機内誌「アトラス・マガジン」の発行者、マダム・ガスニェーに会うためにパリへ向かう。ブリュッセル南駅より列車エトワール・デュ・ノール11時43分発で、パリ北駅に14時5分に着く。寒いパリ、皆んなコートの襟を立てて早足で歩いている。「日本にレップらしきものはある。それ以上のものはいらないわ」と、愛想のなさに驚いたが、仕方がない。シャンゼリーゼ通りは枯木のような樹々の行列で雪も舞っている。これが花のパリか、と訝ってみたが、春になればそうなるのだ、と納得してパリと別れる。日帰り、パリ北駅発20時54分発、特急オワゾー・ブルーで、その日の内にブルュッセルに戻った。

(後日談)エールフランス航空の機内誌に関しては、この数年後、パリの有力広告会社リジー・クルブ・アンテルナショナールの、何故かぼくに少し好意的な広告界の有名人ミッシェル・デボス氏の計らいで、わが社がエールフランスのインフライト・メディア(雑誌、機内ビデオ等)総てを日本で代表することになったのだ。


7日、朝、懐かしいルクセンブルグの親友ギーからブリュッセル・ヒルトンに電話があった。

「ヒロ、元気かい」

「ありがとう、元気だ。そちらは」

と挨拶だけだが心は通じ合っている。

「今回はルクセンブルグには行けない。残念だ」と言って電話を切った。

プルス・エージェンシーに行って、インターマートとプルス提携の正式契約書にサインした。そして、山水の5月以降の広告スケジュール、原稿制作アートワークのラフなどを点検し、その後、ロベールと一緒にアントワープのサンスイSAEを訪問し、プルス社のプレゼンテーションは2月28日にプルス社にて実施すること、東京の江草君は4月にブリュッセルに赴任し、プルス社に駐在することなどを報告し、河内社長の了承を得た。これで何とかうまくいくのでは、と一安心する。

2月9日、ザバンテンにあるブリュッセル国際空港からサベナ航空SN353で、アンカレッジ経由にて羽田に帰る。2月10日着。空港では、三島、萩原、江草、神崎、菅井各社員が出迎えてくれた。

1973年4月1日、本年二度目のヨーロッパ出張だ。今回初めて同行者がいる。江草敏夫君である。彼はメディア・レップ部門epの責任者だったので、後任には新人岩城君を指命した。

羽田空港を20時30分に出発した、ドイツ航空ルフトハンザ、LH651は、アンカレッジを経由して、2日、6時30分、ドイツ北部のハンブルグに到着した。ハンブルグからデュッセルドルフまでLH174で直ぐに着く。ルフトハンザ機内では「ログブック」を精読する。「この機内誌も我々の財産になるのだよ」と、江草君に力説する。外に出ると雨模様で寒い。ヨーロッパの冬は長いのだ。

ブリュッセルオフィスの社名プレート

今晩はデュッセルドルフ・インターコンチネンタルに泊まる。時差ボケで疲れているし、早く寝たい。するとホテルにテレックスが入ったようである。ルフトハンザ社のレナーテ女史からである。「ヒロさん、ようこそドイツへ。今回は会えません」と。本当に嬉しかった。疲れが一遍に取れたようだ。

3日、愈々江草君とブリュッセルに入る（デュッセル発LH394で）。ブリュッセルでのぼくの宿舎はヨーロッパ・ホテルだ。ぼくのお気に入りである。何はともあれ、まずプルス社に行って江草君を紹介することである。社長ロベール・ソワイヤー、営業のジョン・スクワイアらが待ち焦がれていた。江草君がプルス社の中でうまくやってくれることを祈るばかりである。ロベールが事前に手配してくれていた江草君のアパートは、EC本部の近くで、少々古い建物だが、いい所に決まってホッとする。夕食はぼくのお気に入り、ヒルトン近くの「味園」の中華料理。ここの焼ソバは旨い。4日には東京銀行ブリュッセル支店の田中次長と会い、江草君の口座を開いた。

夕方、ルクセンブルグから親友ギーが、車で来たのには驚いたが、本当に嬉しかった。ヒルトン・ホテルのバーで夜が更けるまで話し合った。「サンスイの仕事がベルギーに移ってうまくやっているかどうか心配だった」という。「まったく順調だよ」と、固い握手で別れた。友に会うのは嬉しい。殊に異国においては格別である。そして、ギーとの約束で、急遽予定を変更して、6日、日帰りで江草君と共にルクセンブルグを訪問することに決めた。

5日、プルス社のロベール、ジョン、そして江草と阪上の四人で、アントワープのサンスイSAEを訪問し、河内社長、佐々木、奥山、石川各氏と面談、江草君を紹介した。2月のプルス社での「サンスイ・プレゼンテーション」が好評だったようで、今後のヨーロッパ販売戦略に我々の広告・セールスプロモーション活動がお役に立てると確信した。それに日本人である江草君がプルス社の面々と山水の社員との間をうまく取り次ぎ、潤滑油の役目をはたしてくれることだ。それで安心して日本に帰れると確信する。石川氏が「ロンドンに行った時、お宅のレックス・ウッド氏と偶然会いましたよ。阪上さんに宜しくとのことでした」。世界は狭いのだ。

6日、久し振りにルクセンブルグ大公国の地を踏む。朝のブリュッセル空港で軍隊の大パレードを見た。ちょうど到着したメキシコの大統領歓迎式典だったのだ。LG774でルクセンブルグ・フィンデル空港へ。ギーがお出迎え。江草君を紹介する。久し振りでipのオフィスにて歓談する。ここではビジネスはなくなったが、再びここに来て益々ルクセンブルグが好きになり、虜になりそうである。何か自分の故郷のような気がするのだ。日帰りでブリュッセルに帰るのだが、帰りたくない、という衝動にかられていた。しかし、帰りは列車で、ルックス中央駅よりブリュッセルQL駅まで2時間15分、夕食に間に合った。ぼくのホテルで江草君と夕食を楽しむ。

7日、インターマートとプルス・エージェンシーの提携契約を記念して、ブリュッセルで最も古い日本食レストラン「都田川」にて、ソワイヤー氏と日本酒で乾杯する。久し振りに刺身とテンプラがおいしい。

8日、ブリュッセルよりSN723でフランクフルトへ。お気に入りのホテル、インターコンチネンタルに宿泊する。ここの朝食が旨い。大概ヨーロッパでの朝食は、スクランブルド・エッグにベーコン添えだが、ドイツではハムのぶ厚いのがおいしい。

ここフランクフルトでは、在欧米軍向けの広告メディアの「オーバーシーズ・ウィークリー」や「アーミーTVガイド」、「レディコム」などの広告関係者と会う。その一人、ドイツ人で英語が堪能な可愛い女性アンチャ・レーンと「東京レストラン」で食事を共にする。中華料理と日本料理の合の子料理だったが、話がはずんで愉快な夕食だった。アンチャによると、PAA（パンアメリカン航空）は、東ドイツ内にあるベルリンへのフライトが許可されている数少ない航空会社である。その機内誌「クリッパー」のドイツ語版は隔月刊で発行されていて、ベルリン向けの数少ない広告メディアということで注目されているという（その他でベルリン便のあるのはBOACとエールフランスのみだ）。帰国したら「クリッパー」誌日本代表のポール石井先輩に伝えておこう。

10日、フランクフルト11時発のKL242でアムステルダムに飛び、ホテル・オークラに泊る。「ホランド・ヘラルド」誌のジャック・フェレマン氏はキュラサオ（中南米・カリビア海）に出張中で会えず、秘書のエディさんと歓談する。カリビア海の小さな島キュラサオは、元オランダ領で、この島にはKLMの子会社、ALM航空会社がある。だからジャックはよく出張している。エディはインドネシア生まれだ。日本占領中は小学生だったので、日本の軍国主義教育のことを少し覚えている。「見よ東海の空明けて…」と歌う。

11日、アムスからKL383でブリュッセルに戻り再びヨーロッパ・ホテルに泊まる。12日、江草君と初めてグラン・プラスに行った。なるほど中世期の見事な建物群に囲まれたすばらしい広場だ。ここで飲んだステラ・アルトワ・ビールが旨い。ベルギーはドイツと同じくビール王国である。

ホテルに帰ると、テーブルにりぼん飾りの付いたヘネシー・コニャックの大瓶がデンと置かれている。名刺とメモ書きが添えてある。「タイム誌大西洋版広告部長、リノス・コゲヴィナス」とある。今回、プルス社からのサンスイの広告出稿が「タイム・大西洋版」に決まったので、そのお礼らしい。

午後、プルス社の依頼で、サンスイ・オーディオ商品を撮る写真家エドガー・リュウエンベルガー氏のスタジオを訪問、大変勉強になった。

夕食に江草君と共にソワイヤー氏宅で名物ムール貝料理をご馳走になる。ここで飲んだ白ワイン、モーゼル・ルクセンブルジョワ・ピノ・グリに魅せられた。少し薄めだが、香り高く酸味がすっきりした好ワインで、これ以後、ぼくはルクセンブルグ・モーゼル・ワインにのめり込むことになる。

14日、再びアントワープのサンスイＳＡＥに行き、プルスと江草君のことを再度「よろしく」とお願いした。非常に日本的である。お得意先は神様なのだ。

夕方、サベナ航空ＳＮ６０７でロンドン（ＬＨＲ）へ。ヒースロー・第2ターミナルでレックスがお出迎え、メイフェアーのウエストバリー・ホテルにチェック・インする。リーゼント・ストリートに近い好ホテルである。15日、江草君がＢＥ５４３でロンドンに来たので彼の宿舎イーデン・ホテルで、山水が出稿している「グラモフォン」など音楽・オーディオ専門誌などの担当者と会う。彼にとってはいい勉強になっただろう。

英国航空ＢＡ（ブリティッシュ・エアウェイズ）の本格的な機内誌（インフライト・マガジン）を創刊しようとする動きは数年前からあった。ぼくは色々な角度から注目し、アプローチを試みていた。イギリス人の友人ビル・フッドなどは、今にも自分の会社レイデン出版社が発行権を取得するというし、空港内広告の大手、ＷＨＳ広告社でも、うちでやる、と言っていた。16日、もう一つの有力候補である、パンチ出版社CEO、ビクター・コーダグリー氏の秘書ホーテン女史よりウエストバリー・ホテルに電話があり「コーダグリー社長が貴殿にお会いしたいと申しております。18日にお越し下さい」ということで、18日、勇躍フリート・ストリートに出かけた。テームズ川北の大通り、ストランド・ストリートを東へ、名門サボイ・ホテルを右に見て進むと古くからの新聞街フリート・ストリートに入る。すると右側にイブニング・スタンダード新聞社があり、そのビルの中に世界最古の週刊誌、1841年創刊の滑稽ユーモア雑誌「パンチ（PUNCH）」の本社がある。どうやらここが本命のようだ。

パンチ社CEOのビクター・コーダグリー氏はかなりの年配である。長身で、縦縞の三つ揃えのパリッとした背広姿で、上品で典型的イギリス紳士と見うけられる。大きなデスクの奥にデンと構えて威厳があるが、聞くところによると、かなりの策士であるらしい（ビルの意見）。「これまでここに日本人は何人も来ている。中には以前BOAC機内に入っていた小冊子ウェルカム・アボードの広告料の未払いの奴もいるよ。新しいBA機内誌の代表権申込者はあなたで三人目ぐらいかな。ゆっくり考えて返事するよ」と、第一回目の対面交渉は終わった。ぼくとしては、どうしても英国航空（BA）の機内誌はやりたい、と念願している。

歴史をひもとくと、イギリスは18世紀後半の産業革命により世界経済を牽引し、パックス・ブリタニカと称される大英帝国を築いた。世界の大陸間にはＢＯＡＣ（英国海外航空）の航空路トランス・コンチネンタル・フライトが張りめぐらされていた。この英国航空（現在のＢＡ）を利用する乗客はイギリス人のみならず、世界のエリート・ビジネスマンが大多数を占めているので、この乗客が機内で見る機内誌の広告は、より多くの世界のエリートに訴求することになる。また機内では一般的に乗客は移動が制限され、キャプティブであることで、広告はより長く、何度も繰り返し見られる、という特長がある。

ぼくはＢＡの機内誌を日本で代表し、日本企業の世界戦略と海外広告（国際広告）に貢献したいと念願していた。遂にその時が訪れようとしている。

この後3日ほどスコットランドに居た。友人レックスがセント・アンドリュース製のヒッコリー・パター（スイルケン・ブランド）を日本に売り込みたい、というのでぼくも手伝って、結果的には日本で「ゴールデン・イーグル」という名前で、３００本位販売した。この折、19日には、メンバー以外普段入れない、セント・アンドリュース・オールドコースのＲアンドＡ・クラブハウス内を特別に見学させてもらって悦に入っていた。

4月21日、ロンドン・ヒースロー（LHR）11時35分発BA860で、モスクワ経由、22日朝、9時50分、東京羽田に着く。今回20日間のヨーロッパ出張は、ぼくの今後のビジネスを左右する重要局面があった旅行だったと思う。

現在のぼくのビジネスは、海外向け広告代理店（といっても得意先は山水電気オンリー）とメディア・レップ（今のところKLMとルフトハンザの機内誌など）の二つの部門を経営していて、前者はインターマート（im）が担当し、後者はユーロプレス（略称ep）で、事務所も別にある）がやっているが、実際には両社は渾然としていて社員も兼務している。山水の海外広告が少々頭打ちの傾向なので重点がレップ業に移行する可能性が出て来た。将来は両者一体でインターマート・ユーロプレス連合体となるのだろうか。それも一つの方策ではある。

10月になって、ロンドンのWHS広告社より連絡が入り、imから申込みのあった「住友銀行トラベラー・チェック」の電飾サイン看板広告をヒースロー・第3ターミナルに設置することが決まった。imとWHSの直接取引きである。WHSのダビトソン氏とぼくの長い付き合いと交渉の成果であった。

1974年5月26日（日）羽田（HND）発11時、JL443、直行便でロンドン（LHR）18時着。実はＢＡを予約していたが、ＢＡのストライキで急遽ＪＡＬに変更した。機内サービスはＪＡＬの方が優れている。27日（月）は、ロンドンは休日だけど、ＷＨＳのダビドソン、ブリッガー両氏がヒルトン・ホテルに来訪。ヒースロー空港に直行して「住友銀行Ｔ／Ｃ」の電飾サイン広告を見る。素晴らしい出来ばえで、他の広告看板にひけを取らない。この広告掲載料は、ｉｍを通じて6カ月毎に支払うことになっている（ｉｍの手数料は15パーセント）。

28日、フリート街のパンチ出版社を訪問。ビクター・コーダリー氏は開口一番「ヒロ、おめでとう。ＢＡ機内誌の日本代表はあなたに決まったよ」と、力強い握手で励ましてくれた。1年以上に亘る審査と検討の結果だから、本当に喜ばしい。やっと念願かなって、めでたしめでたし、である。

特筆すべきは、「パンチ」誌の名物編集長、ウイリアム（ビル）・デービス氏が新機内紙「ハイライフ」の編集長専任になることである。今回、ビル・デービス氏とも会見した。彼は「パンチ」誌時代以前からイギリスで著名なＴＶキャスターで、政治経済の解説者であった。もちろん、「パンチ」誌も引き続き同社で発行される。コーダリー氏は「日本から「パンチ」誌にも広告を入れてくれ」と言うが、日本人でこのイギリス流ユーモアを理解できる人が少ないので可能性は低い。しかし、「ハイライフ」誌と同時に世界最古の週刊誌「パンチ」の日本代表になって非常に誇らしく思う、と同時に愈々、インフライト・ビジネスも本格的になるのだ。さっそく東京へ打電した。

イギリスは元々、輸出王国で、国際広告(輸出広告・海外広告)の先端を走っていて、海外媒体関係の資料も豊富にある。そして今回、新しく発行される国際広告業界誌「メディア・インターナショナル」(タブロイド版)の日本代表権も獲得した。午後、その出版社を訪問し、共同経営者のスエットマン氏とフォードハム氏と会った。コミッションは30パーセントと決まった。出版社の名前はアラン・チャールス出版社である。オフィスは、ビクトリア駅の近くにある。

夕食は、レックスと、有名レストラン、「ウィーラーズ」で大きなドーバーソールを食した。イギリスにも結構おいしいものがあるのだ。

30日、ヒースロー空港で、WHSのダビドソン氏と別れ一人でアムスに向かう。そして空港内のスキポール・ヒルトンに初めて泊まった。すぐタクシーで、A・J・エルンスト通り585のホランド・ヘラルド社に行くが、肝心のジャック・フェレマンはぎっくり腰で休んでいた。ジャックは少々病気がちだ。日本に挨拶回りに来た時も具合の悪いときがあったのだ。秘書のエディやスタッフ達と「サマセボウ」という有名なインドネシア料理店に行って話し合った。

ホテルに電話があった。なんと元UPSの同僚(東京にいた)田岡君である。彼は法政大出の秀才で(何でも卒業時金時計をもらった由)、ぼくと同時期にマッキャン博報堂に入り、その後ドイツの強大な広告代理店トルースト・エージェンシーに移って、今デュッセルドルフ勤務になっている。「君には悪いが、サンスイのヨーロッパ・キャンペーンはうちがやることになるだろう」と、言うので「ちょっと待った。明日そっちへ行くから話そう」と、電話を切った。本当にそうならえらいことになる。

6月1日、アムスよりKL221でデュッセルに着いて、インターコンチネンタル・ホテルに入る。田岡君と再会、「久し振りだね。旨いアスパラガスを食べに行こう」と、案内してくれる。古いお城を改造した重厚なレストランで、ピルスナー（ビール）とヴュルスト（ソーセージ）から始まって、白いアスパラが出た。獲れたてで柔かくて、非常においしかった。日本でこんな柔かいアスパラを食したことはない。

「トールストでは、現在、日産、東芝、TDKのヨーロッパ広告を取り扱っていて予算は1億円ぐらいになる。また今サンスイにも働きかけている」と、強気だ。

「それは無理だね。こちらも死守するから」と負けてはいられない。

デュッセル駅裏にはポルノ・アムールがあって賑わっている。彼と別れた後一人でのぞいてみた。

2日、田岡君宅を訪問する。新興住宅地の小綺麗な4LDK平屋（90平方米位）に家族4人で住んでいる。家賃は6万円とのこと。外国に居ると子供の学校などで大変だろうと思う。

「家族でドライブに出かけるので、どうだいケルンまで送ってやろうか」と、言うので、「それはありがたい。お願いするよ」と荷物を車のトランクに入れた。デュッセルとケルンは近い。途中、西ドイツの首都ボンに立ち寄った。本来のドイツの首都はベルリンだが、未だ戦後は終わっていない。ボンにあるベートーベン・ハウスを見学した。広場に面した大きなアパートのようだ。3日のドイツはホワイトサンの休日だった。

4日、ぼくの宿舎インターコンチネンタル・ケルンで信じられないハプニングがあった。朝8時頃、いつものようにスクランブルド・エッグにベーコン、トースト、コーヒーの朝食を済ませて、これもいつものようにロビーで、のんびりと「インターナショナル・ヘラルド・トリビューン」朝刊を読んでいた。その時、つかつかと歩み寄ってきた、白いヒゲで赤ら顔の老紳士が突然大声で叫んだ。

「ヒロ！　ホワット・アーユー・ドゥーイング・ヒア」と。ぼくは顔を上げてびっくりした。

「何だ！　ダークか、あなたこそ何故ここにいるんだ」とぼくも叫んでいた。

周囲の人達はさぞ驚いたことだろう。南アフリカ、ジョハネバーグの一流経済誌「フィナンシャル・メール」の営業部長ダーク・J・カーステンズ氏である。彼は「日本特集号」発行取材のため日本に四、五度来ている。ぼくは彼の日本代表である。今回は「ドイツ特集号」発行取材のためここに来ているのだ。奥さんバッブスは今風呂に入っているので出られない、と電話で話した。はるかに遠いアフリカ南端の友人と、極東に住むぼくが、このヨーロッパの中心地で偶然出会うなんて、誠に奇遇という他はない。

9時30分、約束していたルフトハンザ広告部のレナーテ・リアーネ・シュナイダー女史がわざわざホテルに来訪してくれた。「来年一月からのログブックに2頁以上日本からの広告が決まれば、あなたのコミッションは30パーセントにします」と励まされた。よし、やらなければと決意を新たにする。歌麿(ウタマロ)の浮世絵、木版画を数枚レナーテに進呈した。「ダンケ・シェーン」と喜んでくれていた。

その日は、11時発、ケルン中央駅からトランス・ヨーロピアン・エキスプレス（TEE）一等車専用サファイア号で、ブリュッセル北駅に13時15分に着く。北駅近くの大ホテル、ブリュッセル・シェラトンに初めて泊まる。

プルス・エージェンシーに行く。ロベール・ソワイヤー社長は深刻な表情だ。江草がここに来てしばらくは順調で、スタッフとも仲良く、山水の人々との連絡もスムーズだった。ところが73年後半からサンスイの広告予算も伸び悩みがみられ少し暗い表情に変わっていった。それに彼の性格からか、異国での一人暮らしに耐えられなくなっていたようだ。「エグサはあまりにも「コワルディ」だった」

と、ロベール。臆病というか小心だったので続かなかったようだ。江草君は昨年暮に日本に帰り再びｅｐの業務についている。

５日、サンスイＳＡＥの広告担当田村氏がプルス社を来訪した。「これまでプルス社のジョン・スクワイアがよくやってくれていたので、デ・キーの分もプルスに移したいと考えています。阪上さんの指摘があった、ドイツのトルースト広告代理店とは決して契約しません」と言明された。これからが正念場だと思う。日本人の営業がいなくなったので、プルス社の頑張りに頼るしかない。現在の契約で、媒体手数料の比率は、プルス社10パーセント、ｉｍ5パーセントだが、いずれはｉｍのヨーロッパからの撤退も考えなくてはならないだろう。

夕刻、ドイツ随一の週刊ニューズ誌、「デル・シュピーゲル」主催のカクテル・パーティがグランプラス横の最高級ホテル、アミーゴであって招待された。

ホテルに帰ると、ルクセンブルグの親友ギーから電話があったが、彼はもうシェラトンに来ていた。ホテルのバーで、夜が更けるまで話し合った。「ルクセンブルグから始まったインターマートのヨーロッパ拠点作りも5年になるが、ここベルギーで終わりそうだよ」と力なく言うと、ギーは「仕事がなくなっても友情は永遠だよ。ヒロの好きなようにやれよ。しかし、ルクセンブルグは忘れないようにな」と、固い握手で別れた。

6日、ロベールの車でザバンテン空港まで送ってもらって、LH103でフランクフルトへ飛ぶ、1時間もかからない。

フランクフルト・インターコンチネンタル・ホテルの新館（道路の地下通路で直結している北館に泊まるが、ここは一泊100マルクもする。午後はレーマーや大聖堂をはじめて見た。

ここは、在欧米軍向けの広告媒体（新聞と雑誌）の営業拠点で、サンスイの広告も我が社imの扱いで多く出稿していて、ここで会うアメリカ人は多い。その一人、「オーバーシーズ・ウィクリー」のジュッド・フレンチ氏とウィスバーデンの米軍基地内のオーディオ・フォト・クラブを訪問する。サンスイ・ブランドは健在で、ケンウッドやパイオニアなど日本製品の評判もすこぶるよいので安心する。その他サンスイの米軍向けの広告活動はタイム誌やニューズウィーク誌のミリタリー版や、アーミー・タイムズ新聞などに出稿しているが、これらは総て東京にある各社の日本支社を通じてimからオーダーされている。

今回はお互い多忙で、可愛いアンチャ・レーン嬢とここで再会できなかったのは残念であった。

久し振り、もう10年以上にもなる南回りの飛行ルートで帰ることにした。1963年にアフリカ・

中近東・アジアを歴訪して以来一度も中近東・アジアに旅行していない。

6月8日、フランクフルトからローマまでLH290で2時間45分。ローマからは日本航空JL462で中近東レバノンの港町ベイルートに夕方到着した。地中海に面した風光明媚な、イスラム教徒とキリスト教徒が共存する港町で、なま温かい海からの風を受けて、海岸通りにはヤシの木が茂っている。この町、いや中近東でも随一との評判のホテル、フェニキア・インターコンチネンタルに泊まる。久し振りでアラブ中近東の地に立って感慨無量であった（残念ながらフェニキアは今はない。もうとっくに爆破されてしまっている）。

11年前、ここで会い、その後日本でも会った、この地の広告界の重鎮、サミール・E・ファーレス氏がポルシェに乗ってやって来た。坂道の多いベイルートで、結婚式後、クラクションを鳴らしながら街中を走り回る車がうるさいが、活気あふれるベイルートだ。

9日（日）、サミールが車で、ゴルフ・クラブ・デュ・リバンに案内してくれる。ゴルフはしないがクラブハウスでブラッディ・メアリーを飲む。皆んな愉快に会話を楽しんでいる。隣りにリベラという「ミチコ・ジャパニーズ・クラブ・ホテル」があった。

ベイルートの中心街、ショッピング通りはアル・ハムラという。ここに日本航空が大きなオフィスを構えている。立派なものだ。近くのアメリカン大学も通り過ぎた。ベイルートは、貧富の差が激しくて、猥雑でゴタゴタした所も多い（今は総て破壊されていて何も残っていないらしい）。とにかく暑い。全員シャツ姿で、ぼくのように背広など着ている人はいない。

サミールが経営しているインターマルクト社(何故か我が社インターマートとそっくりだ。ただし、うちの方が古い）は、ベイルートのダマスカス・ストリートにあった。部屋数10室ほどある、アラブ地域でトップクラスの広告代理店であるらしい。

この地にある、アラビア語新聞アル・ハヤト、アル・ハスナ、アル・ハワーデス各新聞社を訪問した。アル・ハヤト（ザ・ライフの意味）新聞社は、石と黄色のレンガの混じった埃っぽい巨大な建物で内部は扇風機の回る暑いオフィスでうんざりする。ただ社長（J・ムロワ氏）が鎮座する部屋だけは空調（冷風）完備だった。

ムロワ社長は「明日、ちょっと離れた山上の私の別荘に案内します」と言うので、招待される。見晴らしが良く、涼しい風が流れる別世界である。屋外に色とりどりのベンチがあり、ここでアラックと呼ぶ強いお酒を戴く。水を加えると白濁する、アニス系だがちょっとアブサンの匂いがする。危険な酒である。樹木の茂る屋敷には数人の召使いがいた。

サミールと地中海に面した豪華ホテル「サン・ジョルジュ」でコーヒーを。皆んなコーヒーと一緒に脂ぎったオリーブを頬ばっているのには驚いた。ここでサミールの隣りにいたのは元レバノン首相だったようだ。

サミール・E・ファーレスは有名人で、後にIAA中近東支部長にもなっている。数年後、彼が大阪に来た時、ぼくは車で宝塚の自宅に案内して日本料理をご馳走してあげたのだ。

6月11日、地中海東方最高の景勝地レバノンのベイルート空港を飛び立ったパン・アメリカン航空PA002は遠く東に向かう（最終到着地は東京羽田）。実はぼくはこの便には1963年に乗っている。その時は次のテヘランで降りたのだが、今回はタイ、バンコックまでの長フライトだ。ベイルートを飛び立ってすぐ、この辺りにカジノ・ド・ベイルートがあった、と思った。11年前には、ここで華やかなディナー・ショウがあり、隣室でルーレットの掛金が朝方まで飛びかっていたのだが。

テヘラン（イラン）、デリー（インド）と飛行場内でトランジットして、PAA機は酷暑のタイ・バンコック空港に滑り降りた。12日、午後1時だった。ドンマン空港には、元UPS、JIA時代からの先輩で、ここバンコックに移住して久しい日本人、広島生まれの住田さんが出迎えてくれたので感謝、感激であった。宿舎、バンコック・シェラトンのホワイト・ハウスで住田、荘のお二人と歓談。「いやー、久し振りの南国もいいもんですね」と、11年前の思い出にふけっていた。その後サムヤーンにある住田さん経営の会社、コクサイ・プリンティング（印刷・広告・出版会社）214・21

8・チュラソイ16、フィアタイロードに案内してもらう。大型扇風機をブンブン回して30人程の男女（日本人は2名）が働いている。なかなか繁盛しているようだ。

「タイ人は人情味豊かでいい人が多いから住み心地がよい。ここに骨を埋めるつもりだよ」と、住田さんは元気だ。顔色も茶褐色になっていて、もはや日本人に見えない。一方、ぼくはここの水が合わないようで、11年前もそうだったがすぐ下痢をする。13日は昼までホテルで寝ていた。

午後、東邦レーヨンの石原さんが入院しているというので病院へ。UPS・JIA時代から、ずっとお世話になっていたお得意先の担当課長で、11年前、南アフリカ・ジョハネスバーグ出張時には現地で長くご一緒したが、その後同社のバンコック駐在員としてここに滞在されている。まさかご病気とは知らなかったのだ。胃潰瘍と糖尿病らしいが、住田氏とお見舞に参上した時は元気そうだった。「石原さん、早く治して日本に帰ってきてください」と言うと、「おう、サカガミ君か。よく来てくれたね」と笑顔で答えてくれていた。

夕刻、住田さん宅の庭の芝生の上でジンギスカン料理をご馳走になる。住田氏の弟（東京在住）や友人船田氏夫妻も参加、みんなヘネシー・コニャックの水割りを好んで飲んでいる。お父さんが84歳で亡くなって、明日広島へ向かうとのことで20時（日本時間22時）頃おいとました。

14日、バンコックから香港へ。昼すぎには九龍半島先端チムシャッツイにある大型ホテル、香港シェラトンにチェックインする。香港では経済雑誌で有名な、「ファー・イースタン・エコノミック・レビュー」誌副広告部長、ジョン・メッフェン氏と会うが、すでに日本代表はいるらしい。残念。九龍半島のネイサン通りの喧騒は続いているが、夕食後、シェラトン最上階のバーで、見事な香港島の夜景を眺めながら一人で感慨に耽っていた。遠くワンチャイ方面に小さく光っているSANSUIのネオン・サインが鮮やかである。

１９６７年に自分の会社、インターマートを設立して７年になる。その間、がむしゃらに走って来た。海外広告の理想に燃え、山水の海外マーケティングに役立つことは何でもやるの精神で、採算は度外視だった。特にヨーロッパ戦略では、ルクセンブルグやベルギーの広告代理店と提携したり、日本人駐在員を派遣したりして、それは小規模の会社のやることではなかったかもしれない。だから借金も増えたのだ。それに山水電気本社の支払はすべて１２０日の手形だったから、その割引だけでも余分に定期預金が必要だし、資金繰りが大変である。

しかし、山水に役立つことをすることが、山水の海外広告の仕事をぼくに任せてくださった人々に対する心からの返礼だと考えている。だからやれるところまでやる、がぼくの本心である。「ゴー・フォー・ブローク」、あたって砕けろの精神である。などと考えをめぐらしていて夜が更けた。今夜は眠れないだろう、と思う。幸いこのバーは早朝までやっている。もうぼくの好きなタリスカー（スコッチ・ウイスキー）の大瓶も底をつきそうである。

良いことも考えよう。ぼくは毎年の如く海外に出張していて飛行機旅が多いので、航空機の中で過ごす時間が多い。それに加えてぼくの飛行機好きは人後に落ちないから、例えば国内でも殆んど毎週ＪＡＬで伊丹＝羽田間を往復していて新幹線には乗らない。

そこで考えついたのが機内誌広告で、これまで殆んど日本ではなじみがなかった分野だ。まだ機内誌がない航空会社が多い。ＪＡＬにも機内誌はまだない。そこに目を付けたのだが、ＫＬＭ、ルフトハンザ、英国航空のヨーロッパの三大航空会社の機内誌との日本代表契約を結んだのは、大成功だったと思う。採算ベースに乗るのは数年先だが、いずれはビッグ・ビジネスになると信じている。もっと機内誌の数を増やし、日本でのインフライト・ビジネスの第一人者になるのだ、などと考えていると眠くなってきた。香港はもう朝方である。

15日は昼まで寝た。香港発4時35分、シンガポール空港ＳＱ６３２で大阪へ直行、夕方7時50分伊丹に到着した。４時間のフライトだ。シンガポール航空（ＳＩＡ）のサービスは抜群によい。機内誌はないので何とかしなければ、と既に手は打ってある。事実、後日、ＳＩＡ機内誌「シルバー・クリス」創刊第1号より、ぼくは日本代表になっている。

シンガポールは、多数の中国系の人々とマレー系やイギリス人などからなる複合国家だが、偉大なるリー・クワンユー氏の強大で高邁な指導力のもとに、赤道直下の南国にすぐれた独立国家を作り上げた。元宗主国イギリスとの関係で英語が主たる言語となり、人口の少ない国家でありながら、国際的に重要な地位を占めるようになった。そしてシンガポール航空は、アジア全域から、アメリカ大陸、ヨーロッパ地域、中近東、アフリカにまで航空網を持つ世界の主要エアラインの一つになっている。

この頃（1974年）アジアの航空会社では機内で配布する案内パンフレット類は用意していたが、本格的な独自の機内雑誌はなかった。JALしかり、ANAしかりである。ぼくはある日、日本航空本社を訪問し、関係者にこの話を持ちかけたが、当時の宣伝課長に一蹴されたことがある（事実、JALの機内誌「ウインズ」第一号発行は5年後の1979年6月である）。

⑷ 海外広告業から機内誌メディア業へ

1975年、ぼくは何度もシンガポール航空（SIA）や関係先に手紙を書き送っていた。そして遂に返信があった。シンガポール・マレーシア地域で強力な販売網を持つ出版社、MPHマガジン社からである。

「協議の結果、貴社インターマート・ユーロプレス（略称IEL）をシンガポール航空（SIA）機内誌「シルバー・クリス」の日本代表に指名する」とある。すぐOKと返信する。「とりあえず隔月刊（年6回発行）とするが、日本からの広告が死命を制するので毎号最低4頁以上の広告を確保してもらいたい」という。さっそく電通、博報堂、スタンダード通信社、アジア広告社などの協力で、セイコー、ソニー、キヤノンの広告出稿が続々と決まり、その後、日立、東芝、シチズン、富士フイルム、松下電器などが続いた。面目躍如というべきか。

この頃では、我が社の主力ビジネスが、メディア・レップ（媒体代表）業務になったことで、社名はインターマート・ユーロプレス・リミテッド intermart/europress, limited（ＩＥＬ）と名乗ることになった。インフライト・マガジン業務が緒についたことにより、外国からの関係者の訪日が続いていた。「ＫＬＭホランド・ヘラルド（ＨＨ）」誌のジャック・フェレマン氏や「ＢＡハイライフ（ＨＬ）」誌のビクター・コーダリー氏は、年に二、三回位日本に来て、我が社のセールスの応援に努めてくれる。が、それで急に売上げが増えることはない。そんな簡単なビジネスではないのだ。また、南アフリカの「フィナンシャルメール（ＦＭ）」誌のダーク・Ｊ・カーステンズ氏も日本特集号の準備でまた来日する予定がある。訪日客があると出費が増える。

ヨーロッパでの山水の広告費の削減などあり、いまも会社経理は火の車である。

一つ楽しい話もしよう。英国人ビクター・コウダリー氏は年配者で、東京でも居酒屋辺りで一緒に日本酒に親しんでいるが、オランダ人、ジャック・フェレマン氏は愉快だ。彼には必ず一度は赤坂名物のキャバレー「ミカド」で接待をすることにしている。「ミカド」は５００人以上のホステスを擁する大キャバレーで、内部は豪華絢爛、舞台正面奥には、原信夫とシャープス・アンド・フラッツ楽団が鎮座している。ここでは外人客には特別割引があり「外本」として英語の話せる女性を用意しているのだ。後日、別の接待で行った時、「この前の外人さん、次の日も、また次の日も一人で来てましたよ」と笑っていた。

1975年は混乱の年だったが、その後の決断による新しい秩序と組織による我が社の新発足が約束された年である。

お得意先、山水電気の業績は伸び悩みをみせていて、広告費は削減されている。ヨーロッパの広告は、ベルギーのプルス社に全面的に依頼していたので、東京に残るのは米軍市場向け広告活動に限られていた。広告代理店業務としての新規お得意先獲得の動きは我が社の三島営業課長の保守的性格からして、まず不可能であった。

そこで決断したのは、(株)インターマートとメディア・レップ(媒体代表)会社、(有)ユーロプレスの両社を一体化して、名称も(株)インターマート・ユーロプレス(略称IEL)に改め、インフライト・メディアの日本代表として、生き延びる方策であった。事務所は赤坂レジデンシャル・ホテル内に一本化する。この体制で20世紀後半の四半世紀を乗り切って会社存続を計りたいと念願している(会社名変更登記は78年3月)。

1976年は、田中角栄前首相が逮捕された年だ（首相は前年より三木武夫に代わっていた）。BA「ハイライフ」誌の代表業務は、日本及び香港地区も含まれていたので、ビクター社長よりの指示とAZ（アリタリア航空）のフリーチケットで、香港にセールスに赴く。3月8日、東京羽田からAZ789で香港に飛ぶ。九龍地区オーシャン・ターミナルのホンコン・ホテルに六泊する。夕食は一人でスターハウス内「翠園（ジェード・ガーデン）」で。広東料理は非常に旨い。

9日は、アポイント取りでホテルのコンシェルジュに頼んだり電話をしたりして大忙しだ。10日には、マンダリン・ホテル・グループ、HSBC銀行、香港ツーリスト協会、テッドベイツ代理店などを訪問した。電通HKGの源氏に会えて嬉しかった。彼の大阪時代、OIAM会でゴルフを教えてもらった先輩である。11日、12日と続けてセールスへ。ペニンシュラ・ホテル・グループ、ヤング&ルビカム、レオ・バーネット、リン・マッキャン、オリエンタルアド、フォーチュン、スワイヤー・グループ、フラマー・ホテル、デュティフリー・ショッパーズ、マークリン・アド、トンプソン・ウォン、マルコム・グリーンなど各社にコンタクトした。しかし、BAの香港フライトは週に数便なので、なかなか広告出稿には結び付かなかった。

テッドベーツ代理店のベテラン広告人、ドラ・コック女史によれば「機内誌広告は香港のキャセイ・パシフィック航空の「ディスカバリー」誌以外は、ここでは売れないよ」と、悲観的だった。「ディスカバリー」誌は既に別の人が日本代表をしている。成果はいずれ出てくるだろう、と東京に帰る。事実、1年後、ペニンシュラ・ホテルの小さな広告が「ハイライフ」誌に出たのだ。

1977年11月、BA「ハイライフ」誌のビクター・コーダリー社長から日航のフリーチケットが送られてきてロンドンに向かう。14日夜22時30分発、JL421、アンカレッジ経由でロンドン（LHR）に15日早朝6時15分に着く。まだ暗くて非常に寒い。早朝に着く便はビジネスには不向きだ。昼食はビクターと。午後、パンチ出版社へ。ここでビクター・コーダリー社長、ビル・デービス編集長、ボブ・フォレスター広告部長など「ハイライフ」誌幹部会議に出る。「日本の広告売上げ予想は？」など質問が出る。「日本では何でも直ぐには決まらないんです」と、答える。これは事実だ。

今年末までに、ビクターとビルの共同経営で、ヘッドウェイ出版社という、BA機内誌専門の新会社を設立することが決まっている。事務所も変わる。ピカデリー・サーカスの近くになる。

夕刻、そのヘッドウェイ出版社発足発表レセプション・パーティがあった。多数の記者や各国のレップが出席していた。フランス代表のマダム・ディアナ・レカーンは、おおよそ広告人とは思えないような妖艶な女性だったので驚いた。宴が終わって、数人でドチェスター・ホテル・バーで延々と長話に付き合ったが、時差ボケなどで眠くて困った。しかし、これも仕事の付き合いである。当夜はドチェスターに泊まる。超一流のまるで宮殿のようなすばらしいホテルだ。

16日、レックスと会う。「近頃どうしている?」と聞くと「暇で困っているよ、何か君の仕事を手伝うよ」と、言ってくれるが、こちらも彼に頼むことは今はない。

「メディア・インターナショナル」を発行する、アラン・チャールズ出版社に行って共同経営者、ジョフレー・スエットマンとデレク・フォードハムと会見。オフィスはビクトリア・ステーション近くにあり、三階建の独立した建物で居心地がよい。ここでは色々な業界誌を発行していて、わがIELがその総てを日本で代表している。例えば、西アフリカの産業経済誌「ウエスト・アフリカン・テクニカル・レビュー」には、毎号日本企業の広告が、IELから出稿されている。この出版社との取引は以後20年以上も続いた。デレクはアマチュアのラグビー選手でファイトマンだ。夕刻彼と有名店「ウィラーズ」でドーバー・ソール料理を食した。

ロンドンは広い。北に大英博物館があり、東にセントポール大聖堂そして金融街シティが、西にはエリザベス女王のバッキンガム宮殿やウエストミンスター寺院などがあり、その南にテムズ川が流れている。ビクターは、北方のユーストン駅からテムズ川近くのフリート・ストリートまで、毎朝歩いて通勤していたという。年配者だが健康志向だ。

17日、ロンドン（LHR）からKL124で、アムステルダム（AMS）へ。思い出多いヒルトン・ホテルに泊まる。ホーランド・ヘラルド社に行くもジャックはいなかった。秘書エディさんは日本ビイキだ。「ヒロ、好きな本があれば持っていっていいよ」と、会社内図書館に案内する。ブルゴーニュ・ワインの専門書を見ていると「早くそれを持って帰りなさい」と、無理やりに押しつける。エディはぼくを弟のように思っているらしい。これ以後20年、彼女は、取引上、経理上の便宜を図ってくれたので、ぼくの会社経営に非常に役に立ったのだ。その他、ルクセンブルグ大公国ディーキルシュの調理学校を出て、オランダの大使館で働いていたことのある、ぼくの友人、新宿のバー「カドー」支配人関口君の仲間だという料理人が、ヒルトンの食堂にいた。それにしても、ここのハーフムーン・バーはいい。窓際から眺めるアムステル川のさざ波と、ぼんやりとした月明りの調和は最高の癒しである。

さて、ぼくはここからドイツ南部のミュンヘンに赴き、そこで会議に出席予定のルフトハンザ航空本社の広告マネージャー、レナーテさんと昼食を共にする約束になっている。この年77年の9月28日、テロリスト日本赤軍（レッド・アーミー）がダッカ空港で日航機をハイジャックして福田首相の判断でテロリスト全員を解放した事件があった。その日本赤軍が、今度この11月にドイツ・ルフトハンザ機を撃破すると声明を発したのだ。さあ大変、ヨーロッパは厳戒体制に突入していた。

そのさ中、11月18日、ぼくの予定便は、2℃と寒いアムステルダム・スキポール空港を、8時50分に出発予定のLH097だ。空港内には戦車が何台か出ている。手荷物検査は厳重で辞書の中味まで見る。搭乗機はポツンと離れて待機していて、そのそばの机に先に預けたバッグ類が置かれている。傍に軍人が数名銃口を乗客に向けて立っている。「自分の荷物を確認して、中身を自分の手で見せてください」と、係官が英語で言う。1メートル先で銃口がぼくを睨んでいる。手が震えた。

機内の乗客は10人程度で、銃を持った軍人が2人乗り込んできた。飛び上がって5分位が一番怖かった。地上から銃撃されるかもしれないのだ。高く上昇してしまえば安心である。幸い何事もなく10時10分にミュンヘン空港に到着して、やっと落ち着いた次第。

西ドイツ南部の大都市ミュンヘンの目抜き通りマキシミリアン・ストラッセにあるこの地きっての最高級ホテル、フィア・ヤーレッツ・ツァイテンに着くとレナーテ女史はぼくを待っていてくれた。

このホテル一階の高級レストラン「ヴァルター・シュピール」(50周年を誇る歴史ある料理店)で美味なる小鹿料理(REH)をご馳走になった。ワインは、ボルドー一級、特選のシャトー・マルゴー61年だ。ソムリエが開栓したら馥郁たる熟れた薫りがレストランの隅々まで拡がり他の客から感嘆の声が上がった。口に含むとなんというまろやかさだろうか、芳醇という他はない。これがきっかけで、ぼくは更にワインにのめり込むことになる。

午後、市庁舎前マリエン広場に近い、日刊新聞ズード・ドイッチェ・ツアイツングのヴィルフリード・マットハウス広告部長に会う。79年5月にこの新聞が「日本特集号」を企画している。是非わが社IELに広告募集をまかせて欲しいと頼んで帰ったが、その後よき返事はなかった。外に出ると天候は回復し、マリエン・プラッツは人盛り、高い市庁舎の仕掛け時計（からくり人形が回る）の見物客でごった返していた。

19日、ミュンヘンからAF731で、パリ・シャルルドゴール空港（CDG）に着く。大きな円形の新しい空港である。ホテルは、セーヌ河畔のホテル・ニッコーだ。ぼくの義弟（妹の夫）が団体旅行でここに泊まっていたので会う。

夕方、西アフリカ随一の航空会社エア・アフリックの機内誌「バラフォン」の広告部長ギー・レジャー氏と会うため、オペラ座近くの有名店「ハリーズ・バー」に行く。アメリカン・バーで有名大学のペナントが貼り巡らされている。ビールを空けながらの商談。話はすぐ決まった。「バラフォン」誌を日本で代表する。また一つ機内誌が加わった。

20日、日航ホテルからタクシーでポルト・マイヨーへ。空港バスでCDG空港へ。パリ発、13時、JL440、モスクワ経由で、21日11時25分東京羽田（HND）着。また媒体が増えて忙しくなる。

1978年5月、長い長い争論を経て成田空港（NRT）が開港した。4000メートル滑走路1本だけで始めるようだ。我が社は11年目、ぼく自身は42歳の厄年の初めである。プルス社のロベールからの報告では、ヨーロッパでのサンスイの業績は、他社との競争激化で少々伸びが鈍っているらしい。心配である。但し、アントワープのサンスイSAEからの広告受注は総てプルス社に任せてしまっていて、我が社IELの利益は零《ゼロ》になっている。遂にヨーロッパ山水とは関係がなくなったのである。

11月、シンガポール航空・機内誌「シルバー・クリス」を発行するMPH出版社より招請状が届いた（SQチケット付）。折しも第11回「アジア広告会議」がフィリピンのマニラで開催されるのでシンガポール・デレゲーションの一員として参加して欲しい、との仰せである。ではと、10日、大阪伊丹空港から、SQ005でシンガポール・パヤレバー空港に到着する。空港にはMPH社の部長アラン・リー氏以下、レイモンド・ロウィー、B・P・コー各氏が出迎え、緑の樹木が生い茂る郊外道からオーチャード通りを右に、スコッツ道のホリデイ・インにチェック・インする。もう夜だけどアランとの話は尽きない。「ツリートップ・バー」で中ジョッキ5杯づつ位ビールを飲んで歓談した。ヨーロッパの人々と較べると、アジア人、中国系の人々の英語発音はなれるまで理解し難い。11日（土）、アランの家族とタイガーバーム・ガーデン、ジュロン、マウント・フェーバー、セントサ島など案内してもらう。MPH社員のボウリング大会があって、ここで「シルバー・クリス」誌担当部長パトリック・アン氏やMPH出版社最高幹部のパトリック・モー氏にも挨拶した。12日（日）はアランと観光へ。オーチャード・ロード、ブキティマ・ロード、スタンフォード・ロード、エリザベス・ウォーク、ロビンソン・ロード、OCBCセンター、ブラスバサー、ティボリ・ガーデン、ラッキープラサ、ヨーハンなど巡る。食事はだいたい中華の麺だが旨い。

13日、MPH出版社オフィスで、ジャック・チア・MPHグループ社内誌の記者・カメラマンのインタビューを受ける。この企業集団は、出版だけでなく、ホテル業（タイパン太平飯店）、タイガー・バーム（万金油）などを所有する大企業である。その後、電通戸田氏に会って、ラッフルズ・スクエア、チェンジ・アレーに行く。夜は、オープン・エア・レストラン、テク・ニル・ロードで量の多い中華風夕食を、アランとレイモンドと楽しんだ。

14日、アジア広告会議に出席するためにマニラに向かうのだが、代表パトリック・モー氏以下シンガポール団員は、同じ緑がかったシャツ（バティック）に白ズボンのユニフォーム姿に統一する。ぼくは日本人だが今回はシンガポール団員となるのでやむを得ない（団員80名）。

SQ064で着いたフィリピン・マニラ空港には「マブハイ歓迎」ののぼりが立ち、大歓迎だ。特別入国審査後、ラマダ・ホテルでのウェルカム・パーティに臨む。日本代表団もいたが、知り合いはいなかった。宿舎はセンチュリー・プラザ・シェラトンで、ここでアラン、パトリック、インド系（本人は否定）のペルーマ君とビール飲み前夜祭をする。

Man in Tokyo

In Singapore recently for a four-day visit was Mr Hirohito Sakagami, Managing Director of Intermart/Europress Ltd, who is MPH Magazine's *Silver Kris* media representative in Japan. *Silver Kris* is the prestigious inflight magazine of Singapore Airlines produced for SIA by MPH Magazines.

Mr Sakagami, 42, has been in the media representation business for close to 10 years and has chalked up loads of experience in this field. He has represented *Silver Kris* in Japan for about 3 years and is pleased that the magazine, formerly produced on a bi-monthly basis, went monthly last month.

（シンガポール「JC・NEWS 誌」の記事）

15日、マニラ湾に突き出た広大なフィリピン国際会議場で第11回「アジア広告会議」（AAC）が開幕した。軍政で厳戒体制下マルコス大統領の挨拶などの行事があり、午後には日本を代表して梅垣電通副社長が挨拶、通訳のハリー米田氏の英訳が長過ぎて、うま過ぎるので失笑をかった。夕食会は、空港近くのフィリピン・ヴィレッジ・ホテルで子豚の丸焼きなどオープンエア・パーティ。その後、ぼくには11年前に泊まった懐しいマニラ・ホテルのバーで歌謡を楽しむ。フィリピン人は歌がうまい。

16日は、イメルダ・マルコス大統領夫人のスピーチなどあった。色々な討論会に出たが、よかったのは、セント・トーマス大学の広告専攻の女子学生キッツ達と一緒に聞いたチャーリー・アガトップ教授の講演だった。

17日のゴルフ大会には、日本人で唯一人参加、炎天下、距離のあるワックワック・ゴルフクラブ18ホールをアジア人3人と回った。汗だくだった。

午後は、我がMPH主催のレセプションがあり、満席の大盛況、日本のアドマンも多数来てくれたので嬉しかった。夜のマニラ・ホテルでの盛大な「デンツー・ディナー・パーティ」席上「ミスター・サカガミ、ランナーラップ」と呼び出されびっくり。ゴルフ・スコアはキャロウェイだったので誰も知らない。壇上でBクラス、第二位のカップを受け取ると、キッツさん達から黄色い声の祝福をいただいた。

18日はＡＡＣ最終日。ラマダ・ホテルでのディナー・ボールの後、ぼくが東京六本木でメンバーになっている「プレイボーイ・クラブ」マニラ店にアランと行く。夜中、帰り際タクシーを呼ぼうとすると、数人のまだあどけない子供達が飛び出してタクシーを止める。チップが要るのだ。

19日、マニラ空港で、ＭＰＨの御大パトリック・モー氏に挨拶して香港に向かう。ＳＱ便は満席で、フィリピン航空ＰＲ３１０で香港カイタック空港に着く。二泊して帰ろうとするが、ＳＱ便が遅れて大阪着の制限時間に間に合わずもう一晩香港に泊まる。エクセルシオール・ホテルでプラスチック会社の中川社長と同室になった。翌日ＳＱ００６で大阪伊丹に帰る。11月22日だった。シンガポール航空・機内誌は前月から月刊誌となりより効果的な広告メディアとなっていて、日本からレギュラーで、セイコー、ソニー、キヤノン、シチズンなどが出稿しているし、ナショナル（パナソニック）、東芝、日立、富士フイルムも既に出稿オーダーを用意している。本格的なインフライト・ビジネスの幕開けである。

１９７９年4月24日、悲しいかな、「ホランド・ヘラルド」誌のジャック・フェレマン氏が癌で亡くなった。57歳だった。彼がこの2月、初めて長男を連れて日本に来た時、我が家にも招いたが、ロイヤル・ホテルで食事中「背中が痛い」と言っていたことを想い出す。

ジャックのお陰で、ぼくのメディア・レップの仕事が始まったのだから彼に対する思いは忘れ得ない。本当にぼくの兄貴分のような存在であったので落胆している。彼は何度も欧州往復ＫＬＭ航空券（Ｃクラス）を、いつも二枚無料で送ってくれていた。

今年は三回海外に出張している。４月26日、ルフトハンザ「ログブック」次号に掲載するＪＶＣ（日本ビクター）の広告原稿（印刷用フィルム）が遅れていて、明日の午後にドイツ・ケルンのＬＨ本社（フォン・ガブレンツ・ストラッセ２１６）に届けないと掲載不能になる事態になった。ぼくは急遽、着替えも持たず、東京成田（ＮＲＴ）に直行、20時発のＪＬ４２５の団体ツアー客となり、27日朝７時30分にパリ（ＣＤＧ）に着き、ロワシーより空港バスでオルリー・ウェストに移動、オルリー発11時50分のＬＨ１２５で、ようやくケルン・ボン空港に着いた。タクシーを飛ばしてＬＨ本社には午後１時過ぎに無事到着した。広告マネージャー、レナーテ女史は目を丸くして驚いていた。レナーテはぼくをねぎらって、この地の高級フランス料理レストラン、「ラ・ポエ・ドール」で、おいしい子羊料理をご馳走してくれた。

さて、仕事は一段落した。団体ツアー・キップだから帰国便は１週間先だ。それなら見聞を広めよう。

天を突くようなケルン大聖堂横の伝統あるドム・ホテルに宿を取り、28日には、ライン川とモーゼル川の合流地「ドイチェ・エック」が見たくて一人で、コブレンツまで列車で日帰り往復した。青味がかったモーゼル川の清流が、灰色の大河ラインに流れ込み、徐々に融合する。高台からの眺望は実に壮観で美しい。

次の日、「そうだ、ルクセンブルグだ」と一人合点する。29日、ケルン駅でTEEの切符を買って、ベルギーのリエージュへ、乗り換えてローカル列車で南下、小さな大公国ルクセンブルグに向かう。北方から町に入るのは初めてで、大きな崖の高台に旧市街（中世風）が延々と颯爽と続いている。崖の岩肌は苔むしている。すばらしい景観である。隣席のポーランドから来たという若い女性と、言葉が全く通じないが、お互いに頷き合っていた。サン・ミッシェル教会やノートルダム大聖堂の尖塔がきらきらと輝いている。いつ来ても、見事なルクセンブルグだ。

夕方、LUX中央駅に着くと、電話をしておいたipのクロードが出迎えてくれた。まずプラス・ド・パリのビストロでビールだ。この国のビール、地元産だが非常にまろやかで、軽い。アルコール度数が低いのでいくらでも飲める。セントラル・モリトー・ホテルに泊まる。ギーからの伝言、出張中とのことである。

30日、ルクセンブルグ大公国、国営の航空会社LUXAIRの広報部長ジェームス・ドウファン氏がホテルに来る。彼はこの地の「日本友の会」の幹部で、ぼくに日本で「ルクセンブルグ友の会」を結成するよう勧めてくれた。そして、フレンヅ・オブ・ルクセンブルグ・クラブ friends of luxembourg club（略称FOLC）は我が国と大公国との民間友好を目的とした組織として、1980年、正式に発足した。本部は、東京赤坂九丁目のインターマート内、事務局長（後に会長を兼任）にぼくが就任した。誰からも援助を受けない、会員だけで運営するNGOで、30年間続いたのだ。

5月1日、酷寒のアイスランドから来たというアイスランディック・エアラインのハマー氏と会い、国営航空会社の機内誌の日本代表が決まった。ハマー氏は、ヨーロッパで有名なルクセンブルグの貨物専用航空会社カーゴルックスのエイナルソン社長の友人であり、彼の紹介で後日、フィンデル空港で社長と会う機会があった。

夕刻、出張帰りの親友ギーと、町の中心地プラス・ダルムのマーマイト・レストランで会う。ここはトラウト（鱒）料理で有名だ。「ヒロ、ここで日本料理店を作ったらどうだ。みんなで応援するよ」と言うが、ぼくにはその気はない。ぼくは自分の天職だと考えて海外広告に徹しているからだ。ちなみに後年、グルントで「かまくら」日本料理店を開店した宮前氏は、大成功をおさめている。

2日、LUXからLG207で、パリに飛び、「バラフォン」誌のギー・レジャに会ったり、また「ラ・ヴィ・フランセ」誌のマルケジィ氏が、日本のソニー盛田社長ご愛用の小さな素晴らしいホテル「ランカスター」で美味なフランス料理を賞味させてくれた。マルケジー氏に「メルシ・ボウクゥ」だ。

4日、パリ（CDG）からコペンハーゲンへ、AF396で着くと、日本から来る時一緒だった団体ツアー連中が待っていて、旅行会社駐在員から「あなたが旅慣れているようなのでよろしく」と、17名の預け荷物タッグを手渡された。じゃ帰ろうか、とJL432に乗り、東京成田に5日午後無事着いて解散。荷物は全部OKで何事もなく安心した。機内では往復とも弁護士の足立武士氏と会話、六本木に事務所のある彼とは、彼が亡くなるまで仲良く付き合った。

足立さんは愉快な弁護士だった。預け荷物引取所（バゲッジ・クレーム）は「バゲッジくれ」と覚え、ドイツのトイレは、DAMEN（婦人用）は「ダメ」と、HERREN（紳士用）は「ヘーレ」と覚える、と。

日本の貿易為替の自由化が始まった1960年代、日本企業の輸出振興が叫ばれ、それに呼応して誕生したのが輸出広告（海外広告）業で、その先陣を切っていたのがUPSや新アジア貿易通信社だった。周立群社長率いるUPSの経営がおかしくなった頃、東京の主だった幹部社員はこぞって、それぞれ新しい海外向け広告会社を設立した。石川氏の信和インターナショナル、佐藤正氏の正和アド、佐藤幹氏のイースタン・プロモーションなどである（ぼくのインターマートは大阪が本社）。海外広告代理店とはいえ小規模の会社で、広い未知の世界のマーケティングや外国語で広告原稿を的確に制作できるわけがなく、結局は海外メディアの紹介業にすぎなかった。だから、これらの小規模の海外広告業は、大手の広告代理店が国際部を強化して本格的な国際広告業に進出するまでの便宜的な存在でしかなかった。彼らはやがてメディア・レップ（海外媒体代表）に転向することになる。

一度、UPSのOBでゴルフをしたことがある。67年12月、埼玉の河川敷コースだ。P・石井、白井、田岡、佐藤幹、阪上が参加して、ぼくが勝った。P・石井氏は、この時既に米国の巨人マグロウ・ヒル出版社の日本代表をしていた。

1979年の我が社は、依然として、山水電気の海外広告を扱っていて、貿易企画部の榎本氏と常にコンタクトを続けていた。特に三島くんは日参していたのだ。しかし、山水貿易部の業績は伸び悩んでいた。扱う媒体は「タイム」、「ニューズウィーク」のミリタリー版、「アーミータイムズ」などに限定されていて、売上げ金額は縮小していた。

だからこの業界（海外広告業）で生き延びるために、本格的にメディア・レップ業に邁進することになる。社名は既にインターマート・ユーロプレス（IEL）と改名していた。とにかく何とか早く営業の成果を上げ、会社の赤（借金）を取り戻さなければ、とあせるが、そのためには外国語に堪能な、有能な営業スタッフを入社させなければならない。しかし、なかなかいい人は見つからない。

1979年、二度目の渡航はシンガポールで、（MPHからフリーチケット）パピノーズ・ガイド発刊パーティへの招請だった。6月5日、大阪伊丹発のSQ005（DC10機）で、16時30分シンガポール・パヤレバー空港に着く・この空港は小さくて古い建物だ。MPHが経営するタイパン・ホテルに入る。6日はアラン・リー、パトリック・アン、フィリップ・リー、レイモンド・ボウイ、ペルーマルらとサテークラブなどで歓談。7日、早朝ニュートン・スクエアで朝食後、シンガポール・アイランドCC・ニューコースで、フィリップとゴルフをする。午前中にワン・ラウンド回りスコアは42・49だった。7番ホール526ヤード、パー5でツー・オンして、あわやイーグル、バーディ4で上ったのでプロ並みのフィリップも驚いていた。ゴルフといえば、この年79年と80年の博友会（博報堂東京本社・国際局主催）ゴルフ大会（79年は東名CC、80年は東京よみうりゴルフ倶楽部）で2年連続優勝して皆んなから「彼は仕事をしないで、ゴルフばかりやっている」と、非難されたり妬まれたりしたのだ（特に80年は、ベスグロ優勝）。ちなみに、静岡・裾野町の東名CCは、ぼくのメンバー・コースの一つであった。

ちょっと参考までに、シンガポールのパーティ席で皆んなに聞いた情報では、一般会社の事務員の給料月額は、シンガポールで2万円、マニラで1万円、東京で8万円とかなりの差がある。香港代表クリス・チェニーに聞くと、香港の従業員サラリーも上昇中とのことだ。今ではかなり違っていることがわかる。
9日、パヤレバー空港で「総てのDC10機は点検のため飛行中止」となり、B707で台北空港まで飛んだが、前回と同じ、大阪空港の着陸制限時間に間に合わず、台北で一泊（タイペイ・マンダリン・ホテル）して10日、SQ006は台北からの偏西風に乗って、朝9時10分、伊丹（ITM）に着陸した。

今年4月に亡くなったジャック・フェレマン氏が贈ってくれたフリーチケットを使って、彼のお弔いを兼ねて夫婦でヨーロッパに旅立つ。8月29日、成田から夕方KL868、アンカレッジ経由でアムスへ。ヒルトンに泊まって観光へ（女房孝行だ）。31日、KL119でロンドンに行って、サボイ・ホテルに泊まる。ここからはテームズ川の眺望が抜群だ。ここの朝食は定評がある。まず訪問したヘッドウェイ出版社は、英国航空BAの機内誌「ハイライフ」の出版元で、ピカデリー・サーカス近くで新しいオフィスを構えている。ここでは広告部長ボブ・フォレスターらと打ち合わせ。その後、アラン・チャールス出版社のマーチン・ノーブル氏と初対面。翌日、9月1日、マーチンとロンドン塔など巡る。マーチン・ノーブル氏との長い付き合いはこの時から始まったのだ。彼は以後何度も日本にビジネス出張で来ている。また80年、シンガポールでのアジア広告会議に一緒に出席している。

夕刻にはマーク・クィン夫妻の招待があり、グロブナー・ホテルの「ラ・フォンテーヌ」で、雷鳥（グラウス）料理を賞味した。

2日、ロンドンからパリへ。バンドーム広場近くのインターコンチネンタル・ホテルだ。ここの「カフェー・チュイルリー」は居心地がよい。3日、「ドメイン・ド・アフリック」誌のE・ランボーの好意で、ノートルダム、サクレクール寺院、テルトル広場、ピーガール、クリシーなど回り、そのままオルリー空港までドライブしてもらった。

LG208で、ぼくの第二の故郷、ルクセンブルグに着いて、憲法広場のホテル・クラバットに泊まる。このホテルは、この地随一の老舗で有名である。しかしかなり古びている。4日、親友ギーと朝食を共にするが、もうビジネス会話はない。「日本で「ルクセンブルグ友の会」を結成する準備をしている」と、言うと、ギーは「それはグッドだ。できる限り応援する」と約束してくれた。

LUX中央駅を11時57分に出たIC（一等車）で、トリアー、コブレンツ経由、ケルンへ。この駅中で、以前ここで食したソーセージの味は抜群だったと思い出した。ケルンからTEE（エラスムス号）六人掛けコンパートメント車で、再びアムス中央駅に向かう。快適な列車の旅である。アムスでの宿は、日本資本のホテル・オークラだった。

翌日、5日、ホーランド・ヘラルド社に行って、秘書のエディさんにジャックのお悔やみだ。

「何んか月か前から背中が痛いと言っていたので、調べたら彼のブラッドはダーティだった」とエディ。「しようがないでしょう」と、あっさりしている。しかし、ジャックとの思い出は尽きない。

アムス・スキポール（AMS）14時35分発、KL867で、アンカレッジ経由、東京成田（NRT）着、6日15時、無事帰国した。

1980年、厄年が明けて44歳。この年は画期的な発展の年となった。まず、民間友好の任意団体、「ルクセンブルグ友の会」（FOLC）が、5月9日、正式に発足した。1981年の第一回親善旅行から活動が活発化する。

ヨーロッパからアジアの国際航空会社・機内誌（インフライト・マガジン）交渉は順調に拡充しつつあるが、米国・中南米方面はどうだろう。アメリカの大航空会社デルタ航室とコロンビアのアヴィアンカ航空、両機内誌をIELで代表することは既に手紙交流で決まっているが、日本企業の輸出先として中南米地区も重要であり、その市場を視察することは急務であった。

1980年3月24日、中米メキシコに向かった。NRT初18時30分、JL012は、カナダ西海岸バンクーバー経由で、同日18時メキシコ空港に到着した。メキシコ・シティは2000メートルの高原上にある大都会だが、やっぱり暑い。なま暖ったかい風が吹いている。スペイン語圏のメキシコに一人で来て大丈夫だろうか。意外とアメリカン英語がよく通じるのでビジネスに支障はなさそうである。少々野暮ったい服装に黒い髪、少し黒味の顔の男性の多くは、決まって口髭をたくわえている。だからぼくもここに来てから髭を剃らなくなったのだ。

アエロメヒコ航空とメヒカーナ航空両社との機内誌に関する交渉は、なかなか要領を得なかった。言語力というより、ラテン民族のメンタリティを理解する力の差が大きい。結局、1年後メヒカーナ航空機内誌はＩＥＬが日本で代表することになったのだが、日本からの広告掲載に関しては成果は殆んどなかった。

26日、メキシコ・シティから、南米コロンビア国の首都ボゴタに飛ぶ。5時間位のフライトだが、見渡す限り広大な中米の山々が眼下に次ぎ次ぎと現れ、暮れなずんで黒々とした高原が続いている。もう赤道にも近いのだが、機内ではその体感はない。スカッチを舐めながらの愉快な飛行機旅を楽しんで、夕暮が迫って暗くなった頃、ボゴタ・エルドラド空港に到着した。14℃、もう夜だからかなり寒い。空港タクシーは殆んど白タクで、料金交渉が困難である。やっと立派なボゴタ・ヒルトン・ホテルに着く。ここからがおもしろい。

「あなたの部屋はありません。全館満室です」とレセプションの係官。「それなら、これはどういうことか」ぼくは予約確認書を見せた。困った表情のマネージャー氏が「では特別に最上階スウィートにどうぞ」と案内してくれたが、何と一泊3155ドルの部屋、寝室4つ、トイレ2つ、台所付き、大会議室のある大部屋である。ここに二泊、本当に楽しいホテル生活だが、夜中はかなり不気味である。だから夜中、ホテルのバー「アングルス」（イギリス人の意味か）で「セルベッサ（ビール）ポルファボール」と注文して、寝酒にジョッキで3杯飲む。

ボゴタは、南米の北部地域でかなりの大都市だ。雑然とした町並み、黄色っぽい屋根瓦のレンガ造りの低層住宅が並んでいる。狭い道路には大型のアメリカ車も走っている。

27日、南米でブラジル航空、アルゼンチン航空と並んで長い航空路を持つ、この地コロンビアの大航空会社アヴィアンカの機内誌を発行する、カリファヤール出版社の広告担当者パトリシア女史がホテルに来て、一緒に町に出たが、とたんに彼女の車はエンストした。

やっとこの地で有名レストラン、カサ・ヴィハ（オールド・ハウス）で、ジャガイモとチキン・クリームの昼食をご馳走になった。この出版社の本社はカリにあって、出版だけでなく、印刷、オフィス用品製造などの大会社だ。また別の航空会社ヴィアアサのオフィスに行くと、エメラルド専門店に案内してくれた。「カワイイ」という日本人経営者の店で、緑色に輝くエメラルドの数々に目を奪われる。店内には拳銃を持った大男が睨んでいる。ワイフのために二、三個買った。

パトリシア女史のお使いがホテルに届け物を持参して、ぼくのスウィートに来たものだから、ぼくを何という大金持ちの日本人だろう、と思ったに違いない（？）。

28日、老舗で有名なホテル・テケンダマのアーケードで少々ショッピングをして空港へ向かう。ボゴタ・エルドラド空港内には、無料の「コロンビア・コーヒー」のカウンターがあった。

さて、これからが大変である。待合室にある発着時刻表示サインがでたらめなのだ。アナウンスはあるが、スペイン語だから全く分からない。ぼくの予約便はＶＡ９２１だが、端からゲイトを見て歩いても、その表示はない。これは困ったものだ。アメリカ人らしい中年の男が近づいて「君は英語がわかるか」と聞くので、「イエス」と答えると「俺の飛行機ＶＡ９２１のゲイトはどこだろう」と言うので「ぼくもそれを探している」と、２人で笑った。

やっと女性係官が来た「ＶＡ便はキャンセルされました。カラカス行きは次に来るＫＬＭ便に乗って下さい」と告げる。ペルーのリマから飛んで来るＫＬＭオランダ航空機は、ここボゴタからベネズェラのカラカス、そして大西洋を越え、マドリッド・ミラノ・パリ・アムステルダムに向かうのだ。機内はよく空いていた。シートポケットに「ホランド・ヘラルド」誌はなく、「ビアサ」誌と「アボード」誌が入っていたので持ち帰る。

到着便が遅れたため大混雑のカラカス空港で、ウノ出版社の美人デニヤラ・トロ女史の出迎えを受ける。坂道を走ること小一時間、やっと高級ホテル、カラカス・ヒルトンに着く。ロビー内に大きなヤシの木が茂っている。ホテルのバーで、「バーボン・ウイスキー」の水割りを飲んだら、急にお腹がおかしくなった。水はミネラル・ウォーターだから氷が悪いのだろう。下痢になった。29日、ウノ出版社で機内誌の交渉だが、全く要領を得ない。本当にベネズエラ航空の機内誌を発行するのか疑わしいのだ。ただ町中のこの地の偉人、シモン・ボリバールの立像だけは一見の価値があった。

ボゴタ同様、広いカラカス空港出発ロビー内に発着表示板がない。スペイン語のアナウンスだけだから往生する。やっとこさ、満席のアエロポスタール航空、LV252で、オランダ領の小さな島、カリビア海のキュラサオに着いてホットする。ここは地球の楽園だ。タクシーの運ちゃんが歌うように話す。パピアメント語らしい。英語はあまり通じない。

プラザ・ホテルの部屋に入ったら直ぐにフロントから電話があった。「タクシーのドライバーが来ている」と言う。さっきの運ちゃんだ。「あなたから料金もらい過ぎだったので返しに来た」と5ドル持って来たのだ。何という素朴さ、誠実さだろうか、いっぺんにここ、キュラサオが好きになった。この島にウイレムスタッドという小さなオランダの町がある。建物もアムステルダムそっくりである。夢のあるオランダ風商店街があり、人間は温和だ。KLMの子会社ALM航空会社があり、オフィスは垢抜けしている。

プラザ・ホテルのキニキニ・バーには心地よいラテン・ミュージックが流れている。ここでオランダのアムステル・ビールを4杯飲んだ。夜中に激しい下痢で眠れない。カラカスからおかしかったのだ。この辺の水はぼくには合わないらしい。

30日、昨夜の下痢で体調悪く朝食抜き。プラザ・ホテルの前は大きな川（入江の一部かもしれない）が流れている。パンダ地区とオトランド地区を渡している大きな橋ポンツゥン・ブリッジ（浮橋）がある。大きな船が通る時この橋は斜めに開くのだ。ここに居るだけで半日は過ごせる。実に面白い。大きな船が近づくとサイレンが鳴る。橋の上には沢山の人が歩いているが、みんな一斉に駆け出すのだ。橋は少しずつゆっくりと開くので、みんな飛び越してゆく。だれも監視役はいない。1メートルから2メートル近く開いていても飛び越す若者がいる。これには岸壁の人々が拍手喝さい。三回位見ていたが、川に落ちたやつはいなかった。ここは実にのんびりとした南国の島である。

オランダの航空王といわれている、アルバート・プレスマンの名を冠したキュラサオ空港を飛び立った、ALM航空（KLMの子会社）の小型ジェット機は米国フロリダ半島南端のマイアミに向かっている。途中近くの小島アリュバ島（見事なリゾート地）に立ち寄るが、もう一つの島ボネアと合わせてオランダ領アンチィルのABC島と呼ぶらしい。

機内で読んだALMの英文の機内誌「トレード・ウインド」の記事は楽しかった。一般的に機内誌の記事内容は戦争や人殺しではなく、旅行や歴史、文化、ライフ・スタイル、文芸、映画、音楽、スポーツなどを主に編集されていて楽しい記事が多い。だから機内誌を持ち帰る人が多く、それだけ回読率は高くなるのだ（広告効果が高くなる）。

メキシコ湾に突き出たアメリカのフロリダ半島は、温暖で絶好のリゾート地で有名だが、その中心都市マイアミは、世界の誰もが憧れる最高級の生活空間でもある。最高のリゾート地と喧伝されるマイアミ・ビーチのシービュー・ホテルに泊まった。エレベータで地下まで降りるともうそこは、真っ青な海に白い砂浜、夢の楽園の入口である。しかし、みんなのように長椅子に寝そべっているわけにはいかない。仕事だ！まだ調子はよくないが、もう少しで下痢は治るだろう。タクシーでカリビアン・マガジン社に行ったが、長い有料道路の橋を渡ったり、南北に伸びる一直線のカリンズ・アベニューの両側に並び立つ大きなホテル群やきらびやかな高級住宅や、大きなショッピング・センターを間近に見て、さすがに先進国アメリカだ、と驚嘆した。この地では住民の半数以上がキューバやカリブ海諸国よりの移民で占められていて、英語よりスペイン語がよく通じるらしい。それにしても日本人の姿はあまり見かけない。事実、今回の中米訪問でも日本人には殆んどお目にかからなかった。

4月1日、体調も回復し、愈々アメリカでの機内誌ビジネスに取りかかることにする。

まず、中米、カリブ海地域で最も有名な機内誌発行元、「アボード」誌（正式会社名はノース・サウス・ネット）を訪問する。住所は、マイアミ市ポンス・デ・レオン２７１７番地だ。創立者ポール・ベッセル氏は昨年亡くなって、今は夫人のディアナ女史が取り仕切っている。「アボード」誌は、中南米の中、小航空会社、例えばラン・チリー、アエロ・ペルー、エア・パナマ、エア・コスタリカ、ドミニカン航空、エア・ジャマイカなどと契約して、別々に編集発行した「アボード」誌をそれぞれの機内で配布している。この地域でのインフライト・マガジン・ビジネスを独占していて、効率のよいビジネスを展開している。多分、日本からの広告はかなり期待できるだろう。事実、すでに大阪のシャープ電気は出稿オーダーを大阪電通扱いで用意している。ディアナ女史との交渉で、ＩＥＬが全「アボード」誌の日本代表となることに決まった。コミッションは総て30パーセントだが、場合によっては35パーセントも可能である。ただ問題はある。ディアナは大丈夫だというが、はたして総ての機内に「アボード」誌が用意されているか、どうかを確かめるのが困難なことである。

アメリカの航空会社には、パンアメリカンを筆頭に、トランス・ワールド、アメリカン航空などあるが、デルタ航空も大手のエアラインである。このデルタの機内誌「スカイ」マガジンを発行するハルゼイ出版社のハル・ウィンター社長との間では、既に手紙で代表契約は完了していて、今回は初対面となる。マイアミ市で名の知れた、重厚な雰囲気の一流レストラン「ザ・フォージュ」で娘さんパム・ウィンター夫妻と四人で、小鴨料理（ダックリング）をご馳走になった。アメリカの広告メディアへ日本からの出稿は難しい。例えば「スカイ」誌にいま出ているセイコーの広告はニューヨークから、シチズンはパナマからオーダーが入っている。しかし日本からの出稿も期待したい、というのが共通の願いである。

2日には、ワシントンDCに飛び大統領官邸ホワイトハウスを見に行っただけ、3日朝、ピードモント航空PI617で、バーボン・ウイスキーの故郷ケンタッキー州ルイヴィルを経由してロッキー山脈の町デンバーに着いた。PIの機内誌「ペース・マガジン」の内容は充実していたが、デルタの「スカイ」誌ほどの頁数や記事の豊富さ、ボリュームはない。ここデンバーで、メキシコの航空会社、メヒカーナの機内誌「カミノ・デル・エア」を代表している、テイッチ出版社を訪問し、情報を交換した。その後、日本でメヒカーナ機内誌を代表できたのは、この日の折衝が影響を及ぼしたのかもしれない。いろんな人に会ってみるのも大切なのだ。ここのホリデイ・イン・ホテルでコロラド・ステーキなるものを食したが、特別なものではなかった。朝日輝くロッキーの白い山々の姿は神々しくて美しい。忘れられない景観である。

4日、デンバーからコンチネンタル航空でロス経由、ハワイに来る。二度目だ。インターナショナル・マーケット・プレイスなどショッピングセンターは以前より凄く発展していて驚く。ハワイアン航空のショーン氏に会って機内誌「ラティチュード20」の日本代表が決まった。5年待つから何か日本の広告を入れてくれ、とのんびりしたもんだ。サンプル誌は、いつも大阪プラザホテルに同航空のエア・ホステスが届けてくれるので、その後何度か美人さんにお目にかかって、お話しする機会があった。

5日、昼12時に出発したPA009は、ジャンボ機B747だった。「何度もご愛顧を頂いているので、ホノルルからファースト・クラスへどうぞ」と、ありがたいお言葉。一等席はジャンボ機の二階に8席のみ、ベッドになる大きなシートである。お陰さまで大阪伊丹まで直行、よく寝た。ITMには4月6日、午後4時30分に着く。外は雨だった。出迎えの女房は「何よそのヒゲは」と笑っていた。

米ソ冷戦のさなか、社会主義国であるポーランドの国営航空会社LOT（ポーランド航空）が機内誌を発刊し、若干の広告を受け入れる、という確かな情報を得た。では、先手を打たなければと考えていた。

6月23日、大阪伊丹（ITM）発、BA006（北極回り）でロンドン（LHR）へ。24日、BA「ハイライフ」誌発行元、ヘッドウェイ出版社の広告部のボブ・フォレスターとピーター・ハイマン両氏とピカディリーの「カフェ・ロイヤル」で豪勢な昼食会だ。「日本からもっと広告を入れてもらわないと困るよ」と、両氏から厳しい叱責だ。「よく了解している。努力します」という他はない。まだ日本では、できて間もない機内誌の広告効果をよく認識している広告主は少数だ。日々、我われの努力の積み重ねが必要なのだ。ロンドンでのホテルはメイフェアーのブラウンで、ここは古典的イギリスの伝統を受け継ぐすばらしい、ぼくの好きなホテルの一つである。夜のバーもよかったが、定評あるイングリッシュ・ブレックファースト（朝食）は特筆すべきものであった。朝の散歩はグリーンパークとセント・ジェームズ・パーク辺り、すがすがしい気持ちになる。イギリスに来てよかったと思う朝である。

愈々、社会主義国へ向かう。25日、ロンドン（LHR）を出発した、LU286、ポーランド航空（機種はソ連製ツポレフTU134A）はポーランドの首都ワルシャワに向かって飛ぶ。途中、東ドイツ領内のベルリン市・ショーネフェルト空港にトランジット、ここで厳重なパスポート・コントロールがあった。軍人による検査は厳しい。「旅券の写真には髭がないのに今のお前の口髭は何だ」「今年から剃っていないからだ」で、OKとなった。

ワルシャワに到着すると、ここは社会主義国だからもっと厳格だ。「何をしにここに来たのか」「貴国の航空会社の広報部の人に会うのだ」と手紙のコピーを示したが、「航空会社LOTに広報部はない」と言う。「米ドルは幾ら持っている。余分なドルは持込禁止だ」とか、なんだかんだと長問答が続いた。

やっと入国してタクシー(OKETIE)に乗ったら、「米ドルで支払ってくれ」と言う。道を歩くと「ドルをくれ、交換してくれ」と口々につぶやく(小声で)。この国の通貨ZLには価値がないのだ。いたる所に軍人がいる。6月なのに非常に寒い。ヴィクトリア・インターナショナル・ホテルに泊まった。外観は立派なホテルだが設備は貧弱である。広場での軍隊パレードを見た。殺風景な町、広い道路、大きな文化大会堂が天高くそびえ立っている。百貨店SAWAに行ったが、商品はまばらで少なく、沢山のダンボール箱が積み上げられている。しかし、一方では、狭い旧市街には中世時代の栄光の歴史的遺産や建物が残っていた。結局、LOTには広報部はなく、総務部のような役人との交渉は、何が何だかわからない内に終わってしまった。全くの失敗だった。くたびれ儲けとはこのことだ。社会主義国との商売はむづかしい。

再び民主主義国に戻って来てホットする。26日、ワルシャワ(WAW)から、LH034でフランクフルト(FRA)へ、そして、LG304で、ぼくの第二の故郷ルクセンブルグ(LUX)に来る。「日本友の会」の面々、ジェームズ・ドウファン、ロロン・ゴール、アーマン・エバリング各氏が空港までお出迎えだ。ここではビジネスはない。ただ、日本で5月9日に発足した「ルクセンブルグ友の会」（FOLC）を代表してここに来ている。アーマンのお宅で奥さんのせつえさんと可愛い生後8ケ月の娘さん（綾乃さん）の歓迎を受ける。玄関先には、ぼくが昨年持参して植えた牡丹の苗木2本がうまく育っている。後日、クラウゼンのマンスフェルド・レストランで、政治家フェルナンド・ミル氏や宝石業のエヴン・ブロシウス氏、まだ学生のジョエル・ショルテス君（日本に来た時、宝塚のわが家に泊っている）、囲碁クラブのストッフェル氏、合気道のレオ・ロイター氏（ipに居た）などと交流して、両国の民間友好の絆を強めた（ロロンやジョエルとは、その後36年、今も付き合っている）。

昨年亡くなったジャック・フェレマン氏の後釜としてKLM「ホランド・ヘラルド」誌の営業部長になるマインダート・スラグター（通称マイク）と初会合をするため、アムステルダムに向かう。29日、雨のルクセンブルグ中央駅発12時08分の急行（一等車）に乗り、素朴なヨーロッパの田舎風景の大公国郊外に出る。メルシュを過ぎると乗り換え駅エテルブリュック、そして美しい修道院のあるクレルボーを通過して、トロワズビエルジュから国境駅グルービー、そしてベルギー国に入る。列車は乗り換えなしの急行だ。ベルギー中堅都市リエージュを過ぎるとオランダ国に入る。後年、19

マインダート・スラグター氏と（アムステルダムにて）

９２年のＥＵ条約で有名になるマーストリヒトは、実に美しい古都である。アイトホーブン、ユトレヒトを通過すると、終点アムステルダムは近い。アムス中央駅に18時10分着。６時間の夢のような旅だった。飛行機旅はもちろんグッドだが、欧州では列車の旅も実に楽しい。

ぼくの宿舎は伝統的クラシック・ホテル、ヨーロッパである。ここのバー「フレディ」でホランド・ヘラルド社のマインダート（マイク）・スラグター氏と初対面、秘書エディと再会、近くのヘット・シュワルト・シェープで乾杯する。マイクは１９０センチの長身、アムステルダム大学出、35歳で出世街道を邁進中のビジネスマンだ。ぼくより10歳ぐらい年少だが、今後いい相棒になれそうである。彼は翌30日、デン・ハーグのマデュロウダムやスフェベーニンゲン・クールハウスなどを案内してくれた。
7月1日、スキポール空港では、KLM日本人スタッフ黒川氏の案内で、KL867に搭乗する。(Cクラス)東京NRTに2日、15時着。タクシーで赤坂まで1万4000円だった。

東京に戻ると、また大忙しである。メディア・レップが本職となったが、未だ採算ベースには乗っていない。機内誌以外の海外メディアもいくつか扱うことになって、スタッフの整備が急務となる。しかし、お金のない小規模会社では中々いい人材は集まらない。新しく入社した秋山君は、何年かスペインに居たので英語とスペイン語がよくできる。さっそく、スペイン・イベリア航空に渡りをつけて、機内誌「ロンダ・イベリア」の代表権を獲得した。そしてまた、アジアでもインフライト・マガジンが増えてきた。シンガポールに加えて、中華航空（台湾）の「ダイナスティ」誌、タイ国際航空の「サワディ」誌、エア・インディアの「ナマスカール」誌などを代表するようになった。なお、アメリカでは、デルタ、USエアのほかノースウエスト航空の「トラベラー」誌やブラニフ航空の「フライング・カラー」誌の日本代表になっている。誰もやらないものを先にやる、というのがぼくの信念で、インフライトを中心にビジネスを展開しているメディア・レップは日本で他にない。

Martin Noble from Britain with Mrs and Mr. H. Sakagani from Japan.

Javed Jabbar (Pakistan) checks out a detail with Patrick Mowe.

「ADVOICE 誌」より　Oct.1980（アジア広告会議）

マニラ（フィリピン）で開催された第11回大会から2年経って1980年、シンガポールで第12回アジア広告会議が開催された。日本からは電通、博報堂、大広、明通、スタンダード通信社など広告代理店の幹部、「ニューズ

シンガポールにて

ウィーク」、「タイム」などの日本支社やメディア・レップの面々からなる多くのアドマンが参加した。

1980年9月14日、大阪ITMから、SQ005で、シンガポールに飛び、会場となるオーチャード・ロードの大ホテル、マンダリン・シンガポールの高層階に泊まる。15日、開会式があり、ロンドンの友人マーチン・ノーブルと一緒に出席する。会議（セミナー）は5日間あるが、楽しみは十人位でテーブルを任意で囲む昼と夕方の食事会である。アジア各国のアドマンとの交流ができる。初日の昼食会は、わがMPHジャックチア・グループ（SIAの機内誌「シルバークリス」の発行元）がホストで、旨い中国料理が供された。夕方には、「ストレイツ・タイムズ」紙がカクテル・パーティを催した。二日目の全体会議で、SIAのリリイ・チャン部長が熱弁し、「シンガポール航空は世界一充実した機内サービスを提供し、乗客に満足感を与えます」と強調した。昼食は、「インターナショナル・ヘラルド・トリビューン」紙がホスト。夕食はＫＡＬ韓国航空が提供した。三日目の昼は、「アジア・ウォールストリート・ジャーナル」が、夜は「星州日報」が、四日目の昼は「南洋商報」が担当し、夜は恒例の電通ディナーが催されて盛会である。各セミナーの合間に各社の個別小パーティなどがあり、ニューズウィーク・スイートで、日本の蔡さんや、ＮＹのハワード・スミス氏、イアン・レオナード氏両幹部と歓談した。また夜更け、バー「クリッパー」でタイ博報堂の石平氏のうまいピアノ演奏があり、日本博報堂の山崎専務や永井部長、そしてアジアのアドマン達、殊に知人のガイ呉氏などと楽しんだ。国際会議は将来に役立つ国際交流の場なのである。

　最終日、19日、神戸生まれでぼくの古くからの友人、ニューズウィーク日本支社支配人、蔡振翼氏の本当に流暢な英語スピーチがあり、感激した。さすがにサイ君だ。昼食会はタイガー・バーム社の中華料理で、日本から高垣大広社長、伴ＩＡＡ日本支部理事、清水明通社長、本田ジャパン・タイムズ部長、森メディア・セールス社長、岸井電通制作部長、降旗日経マグロウヒル広告部長、タイム橋本局長、Ｋ＆Ｌ溝口部長などと同席する。夜のガラ・バンクェット・ボールは、海に面したネプチューン大劇場で催され、獅子舞や高下駄踊りなどあり、夜を徹しての踊りや演奏が繰り広げられたのである。次回、第13回アジア広告会議は、１９８２年インドで、第14回は韓国で開催されると、パキスタン代表のジャブド・ジャバー大会副会長が締めくくった。

20日、シンガポールから、SQ642で、バンコックへ。ゴールデン・テンプル、マーブルテンプルなど見物したが、どっと疲れが出て宿舎、オリエンタル・ホテルで寝込んでしまった。それで今回は住田さんにも会えずじまい。

21日、バンコックから香港へ、LH660で飛んで、フラマー・インターコンチネンタルに二泊する。折りしも、東京から社員旅行で来ていた我が社IELの社員（秋山、木村、斉藤など）と合流する。そして一緒に、ミラマー・ホテルの楽宮楼で北京ダックを賞味したが、北京名物といっても特別に旨いものでもない。

23日、中国民航CAACの機内誌を新しく発刊予定のキングスウェイ出版社がある、旺角《モンコック》のリッツ・ビル20階に行って社長ポール・リー氏に会う。この辺りモンコックは庶民の雑踏であり、ごったがえしている。もし本当にこの機内誌が発刊されると、全中国をカバーする強大な広告媒体となるので、大いに期待したい。この機内誌CAACの「ニュー・ホライゾン」誌発刊パーティが香港で、来年1月に開催されることになり出席を要請された。

当日、夕方4時香港（HKG）発、CX502で大阪（ITM）に午後8時に着く。3時間のフライトだった（1時間の時差がある）。

1981年正月、中国民航CAAC機内誌「ニュー・ホライゾン」発刊パーティのため、東京NRTから、NW007で香港に飛ぶ。夕方7時に到着、コーズウェイ・ベイのエクセルシオール・ホテルに泊まり、翌29日、フラマー・インターコンチネンタルのボールルームで、ポール・リーがホストになり、「ニューホライゾン」発刊パーティが挙行された。香港レップのマーチン・クリンチ社のサイモン・マーチン氏、ロバート・チョイ氏らと共にぼくも日本レップとしてひな壇に並ばされた。その後、三階のジェイド・ルームで、香港の新聞・雑誌社のプレス・コンファレンスとカクテル・パーティがあった。30日にはNW008で東京に帰った。本当に発行されるなら、中国市場でこれ程恰好の広告媒体はない、とセイコーの担当者吉田氏も賛同してくれている。ところが中国人は契約観念に乏しいので信用できない。結局この機内誌も5号ぐらいで機内に乗らなくなって駄目。その後いろんなところから中国の話は来る。京都の美術出版社、「美乃美」からも、うちで中国民航機内誌を出します、と垣口社長が赤坂RHの我が社に来たり、こちらから京都百万遍の美乃美オフィスに行ったりしたが、結局だめだった。本当に中国ビジネスは不可解であるし、今も信用できない。

3月6日、東京NRT発、LH651でアンカレッジ経由ハンブルクに着く。小雨の中、ハンブルグから電車でリューベックへ。ハンザ同盟の舞台である。8日、9日とルクセンブルグに行き、「友の会」FOLCの親善使節団訪問の打ち合わせなど多忙を極めた。10日にはLUXよりパリ東駅へ列車の旅。パリに来たのは「バラフォン」誌（エア・アフリック機内誌）のギー・レジャーに会うためだ。その後すぐブリュッセルに行って北駅近くのパレス・ホテルに泊まる。ここで初めて、朋友ロベール・ソワイヤー氏（PLUSプルス社社長）の死を知る。彼は先日、交通事故に遭い不慮の死を遂げたのである。何ということだ。山水（SAE）のヨーロッパ広告キャンペーンを効率よく実施する目的で、ここにインターマート・ヨーロッパ・オフィスを設け（かなりの出費をした）、数年の間だが、お得意先山水電気に奉仕してきたのだが、彼の死により、遂にそれも終焉を迎えたようである。翌日、11日、懐かしいテルビューレン通りのプルス社を訪問、息子のポールに会って弔問した。もうここに来ることはないだろう、と思うと自然に涙が出た。

12日、ブリュッセル（BRU）からフランクフルト（FRA）に飛び、インターコンチに泊まると、13日、ケルンからわざわざ駆けつけて来た、ルフトハンザ本社のレナーテ女史と会食する。このホテルのロティスリーでのソール・フィレは非常においしかった。「ヒロ、LHログブックの広告担当者が交代する。これはまだ内密だが、私は担当をはずれる。残念です」とレナーテ。親切なアドヴァイスに感謝する。「ダンケ・シェーン。長い間ほんとうにありがとうございました。あとはぼくがなんとかします」と言って別れる。「アウフビダゼーン」と、彼女は寂しく手を振っていた。

同じ日午後、フランクフルト中央駅から列車でヴィルツブルグへ。1時間ちょっとで着く。約束していたボーゲル・ベルラーグ出版社を訪問、支配人ストーラー氏と広告担当者、フィロメナ・ヴィル女史と会談。ここは80年の歴史を誇るドイツ業界誌大手の出版社で、各種専門雑誌を出版している。「エキスポート・マルクト」誌などに日本からかなりの広告が期待できるのだ。市庁舎地下のラートケラーで、ポテトの黄金焼きにビール、大ジョッキで乾杯する。しかし、しまった！と思った。ここは白ワイン、特に辛口のシルバーネル・ワインで有名なのだ、と思い出して、その話をしたものだから、列車に乗って発車間際に、フィロメナが走り回って、フランケン・スタイン・ワインのボックスボイテル瓶を届けてくれた。「ダンケ・シェーン」。これ以後、フランケンの辛口白ワインはぼくの大好物となっていて、銀座八丁目の「ローゼンタール」などで楽しんでいる。

14日、フランクフルト（ＦＲＡ）から満席のＬＨ６５０で、ハンブルグ、アンカレッジを経由して15日、ＮＲＴに到着。タクシーは赤坂まで1万５０００円だった。また日本で忙しい毎日が待っている。

ちょっと本題から外れるが、「ルクセンブルグ友の会」（ＦＯＬＣ）は、定期的に会報「ルクセンブルグ通信」を発行し、適宜会合を持ち、毎日新聞などに記事が出たりして会員も増えつつある。１９８１年６月には、第一回親善旅行が実施されて、10名が参加した。引率者は事務局長のぼくだが、ちょうど大事なビジネスとかち合い、フランクフルトからぼくだけスイスのチューリッヒに飛んだ。３月にＬＨ本社レナーテ女史からアドバイスのあった、新しいＬＨログブックの担当会社アラスのアンドレ・レーマン氏と会見するため、６月16日夜、フランクフルトから、ＳＲ５３７でチューリッヒに飛び、ドルダーグランド・ホテルに泊まる。17日、レーマン氏と会って、かなり複雑な契約条件に合意して、直ぐトンボ返り、ＬＨ２２５でフランクフルトに帰りＦＯＬＣの使節団と合流した。

１９８２年２月８日、東京永田町のホテル・ニュージャパンで大火災があって、33人が死亡したが、ぼくはその夜中、近くの赤坂ＲＨ七階の宿舎でいつものように寝ていたのだ。けたたましいサイレンの音で飛び起きた。その翌日、日本航空のＤＣ８機が羽田空港で着陸に失敗した（死者24名）。

１９８２年３月、我が社ＩＥＬにとっては、大問題が持ち上った。電通海外業務局の主要お得意先である東芝の広告オーダーをＬＨログブックの広告担当会社アラスに送付したところ「次号は満稿で掲載不可です」の返答があった。電通は立場上、我が社に対して「他社の広告を止めてでも、どうしても入れよ」と強硬な態度だった。担当者が電通幹部会に諮った結果、もしこの東芝のオーダーが入らなければ、今後インターマートとの取引は停止すべし、との決定がなされた由、これは大変なことである。今でも電通扱いの我が社の売上げ比率は他社に較べて圧倒的に大きい。

ぼくは直ぐに、スイスのアラス社に連絡し、会見場所をベルン市と決め、出発した。

3月18日、大阪ＩＴＭ発、ＪＬ４２３で、アンカレッジを経由してロンドン（ＬＨＲ）に19日、早朝に到着。ここから田舎道を空港連絡バスで走ること90分、ロンドン郊外のガトウィック（ＬＧＷ）空港に着く。ロンドン第2の空港だ。双発プロペラ機（ＨＳ７４８）で、スイスの首都ベルンの閑散とした小さな空港に降り立った。タクシーが来なくて弱った。やっとベルン中央駅前の古風な大ホテル、シュヴァイツア・ホフに着いた。ぼくがホテルに着いて、レーマン氏に会った時、もう既にＬＨ本社との調整が終わっていて、東芝の広告は間違いなく掲載されると決定していた。やれやれである。それにしてもよくここまで来たものだ。インフライト・ビジネスを志す者は、機内誌同様、いつも世界を飛び回らなければならないのだ、と実感する。

媒体代表（メディア・レップ）のＩＥＬは吹けば飛ぶような小規模の会社だが、ルフトハンザという巨大航空会社と、電通など大広告会社の間にあって、両側からの圧力に抗しながらビジネスの円滑化を図る立場にあるわけで、本当に大変である。

小さな町だが、クラシックで中世の歴史そのままのベルンを散策する。スピタル・ガッセ、マルクト・ガッセを歩く。道のど真ん中に大きな時計塔がある。アーレ川が大きく湾曲して古風な建物をとり囲んでいる。美しい光景だ。ベルン中央駅はバーンホフ、ガール、スタジォーネ、と三カ国語で表示されている。独、仏、伊がスイスの公用語である。

その後、ブルゴーニュ・ワインのセミナーに行ったり、ルクセンブルグにも立ち寄る。29日にはアムステルダムで、HH誌のケン・ウィルキー、マイク・スラグター、エディなどと商談、30日、KL867で、AMS発14時50分、ANC経由でNRT着、4月1日午後3時だった。

4月17日から24日まで、日本牡丹協会主催の中国牡丹視察団の一員として上海、洛陽、鄭州に行く。行きはJL2795で、帰り便はPA016、上海・成田間2時間30分だった。

9月18日、大阪ITM発、AF273で、NRT、ANC経由で19日朝パリ（CDG）に着き、ポルト・マイヨー横のメリディアン・ホテルに入る。

20日、ホテルにエールフランス（AF）関連企業リジークルブ・アンテルナショナール（RCI）のミッシエル・デボスとジョセフ・ポレ両氏が来た。ミッシェルは、フランスのみならず、全欧州のインフライト業界を牛耳るドンである。「今後、日仏両国で協力してインフライト・ビジネス業界を盛り立てよう」と、合意した。これを契機として、これまでのエールフランス機内誌の日本代表だったH女史は解約され、全面的にIELが日本代表となった。

27日、アムスのソネスタ・ホテルに、HH誌のマイクとエディが来る。

「今、話し合いが始まったが、ヨーロッパ各国の機内誌出版社が共同して機内誌の読者調査、リーダーシップ・サーベイをやろうと思うが、どうだろう」

「それはすばらしいことだ。お互いが競争だけでなく、各国の機内誌が共同して、他の国際誌に対抗する企ては傾聴に値する。ぜひ実現して下さい」と賛同した。

この結果は後日「トラベルメーター・サーベイ」となり、世界の国際広告業界で注目されることになる。また、ぼくらの知人、ドイツのエゴン・ネーバー氏がルフトハンザ航空の新しい機内誌を作るという話もある（結局、それはなかったが）。われわれ機内誌仲間の共同化が進むことを願っている。この競争の激しい国際広告業界の中で、「タイム」、「ニューズウィーク」、「フィナンシャル・タイムズ」など強力な国際メディアに対抗するには、機内誌1誌だけ単独では何もできない。BA、AF、LH、KLなど欧州各国の機内誌が連合してこそ、彼らに伍する広告集稿が可能になる、と皆んなが考え始めたのだ。その後マイクとエディとで、クラシックな魚レストラン、「アルバートロス」で夕食。

ここは実によかった。

29日、ロンドンではBA「ハイライフ」誌のボブ・フォレスター、ロバート・ニューマンに会う。

彼らも機内誌の共同作業に賛成している。

世界の空を飛ぶ インフライト・キャンペーン!

inflight誌をご利用になりますと、文字通りジェット・スピードで貴社のメッセージを世界の各地にお届けいたします。インフライト誌を数誌組合せてご利用いただきますと、世界のあらゆる国々の概して中・高所得階層に訴求することが可能です。

inflight誌の読者は、インターナショナル・エア・トラベラーで、かれら国際ルートの乗客は、飛行中一種独特な精神状態下におかれています。
そしてかれらはCAPTIVEであり、それだけにインフライト誌は繰り返し読まれるという大きな特長をもっています。

inflight誌のもう一つの特長は、他のニューズ誌と異り、肩のこらない、カラフルで楽しい読物を主に編集されていることです。国際ニューズを加味した〝国際文化情報誌〟とでも名付けたいユニークな国際雑誌です。

inflight誌は、その安定したリーダーシップとUP-SCALEオーディエンスを誇り、国際ジャーナリズムの新しいジャンル〝国際文化情報〟の先達として、今や、世界の有力広告メディアの一つに数えられています。

□ 貴社の国際広告活動に
WORLD INFLIGHT CAMPAIGN
をどうぞご活用下さい。

(IELのパンフレットより)

(5) 欧州インフライト連合構想

1983年1月10日、帝国ホテルで毎年恒例の電通年賀会に招待されて出席する。本年は中曽根首相も出席していた。

2月9日、カナダ・アメリカに向けて出国する。エドモントンではマイナス16℃を体験する。凍えるような寒さだ。トロントではロイヤル・ヨーク・ホテルに泊まったが、大雪の中、エアカナダ航空・機内誌「アンルート」の代表権交渉のためジョン・ダンカン氏に会った。「うちは米国のイースト・ウエスト・ネットワークの一員だから、ニューヨークで話し合ってくれ」と言う。それでNYに向かう。

フランス語圏のモントリオールも大雪、13日モントリオール空港を11時30分に飛び立ったエアカナダ（AC）機は、1時間でニューヨーク・ラ・ガーディア空港に着いたが、到着ゲイトが満杯のため機内で1時間待ちだ。やっと満員のターミナルビルから、市内へのタクシーを待つのにまた1時間、結局ニューヨーク・マンハッタン中央部行きの相乗りとなり、欧米人ばかり四名と一緒にセントラル・パーク近くまで行く。雪はもう止んでいたが、道路は50センチ以上の雪道だ。やっと着いたシェラトン・センター・ホテルの部屋でTV中継を見た。この時の青木功のハワイアン・オープンでの劇的逆転優勝のシーンは忘れられない。夕方、雪のタイムズ・スクエアまで歩いたが、寒くて凍えそうだった。

14日、雪のニューヨーク五番街の景色も一興である。歩道の一部までかき上げられた雪がうず高く積まれている。交叉点の歩道近くは水溜になっていて、飛び越さなければならない。ようやく、目的地イースト・ウエスト・ネットワークのオフィスに辿りついた。ここE／Wは、全米12都市にオフィスを構える、全米機内誌ビジネスの最大手である。バトラー社長に面会を求めたら、出張中だという。約束を守らないアメリカ人だ。相手がジャパンだからだろう。この時代、まだ日本人は一人前のビジネスマンと思われていなかったのだ。ジョン・ダン、モー・プロイヤー両氏と話したが、社長がいないと、エアカナダの件も何もラチが明かなかった。しかし、よくここに来れてよかった。マジソン・アベニューだけでなく、アメリカは広告業界の最先端を行く国だから学ぶべきことは山ほどある。

帰りNYCよりSFO（サンフランシスコ）までAA017で、6時間、ここは14℃と温かい。16日、SFOから東京NRTまで、JL001便で、東京NRTには17日夕方に着く。18日大阪に帰ると、娘は高校の吹奏楽部定期演奏会（宝塚ベガホール）で、ファゴットを吹いていた。

6月12日、大阪ITM発、19時、JL425でNRT、ANC経由で、13日、朝8時パリCDGに着いた。この頃我が社IELの業績は少しよくなり、日航の座席はJクラス、おまけに隣席をブロックしてゆったりとヨーロッパに向かう。JALには機内誌「ウインズ」（1979年創刊）が入っていたが、殆んどが日本語で、英文は少ない。これでは国際誌とはいえない。

パリからAMSに着くと、エディ、マイク、リアに加えて、新しくベルギー航空サベナの機内誌「スフェアー」を担当するヤープ・カスト君らに迎えられる。彼らはKLM・HH誌を主力とする新しい出版社スミーツ・インターナショナルの主力メンバーである。

欧州各国の航空会社・機内誌がほぼ出そろったが、各国それぞれ別々に営業し広告主や代理店にアッピールするより、ヨーロッパの多くの機内誌が連合して他の国際誌（紙）、例えば「ニューズウィーク」、「タイム」、「エコノミスト」、「ナショナル・ジオグラフィック」、「フィナンシャル・タイムズ」、「ビジネス・ウィーク」、「フォーチュン」などに対抗するため、機内誌連合として売り込む利点を考えついたのが、オランダのマイク・スラグターであり、フランスのミッシェル・デボスだった。ところが、この段階ではイギリスBAのピーター・ハイマンは反対であった。いつの時代もイギリスは別行動が多いのだが、その後英国も共同キャンペーンに賛同し、ドイツ・イタリア・北欧も加入を表明して、一応ヨーロピアン・インフライト・アソシエイション（仮称）なるものが1984年に結成されることになった。これは画期的な出来事だ。我々のような各国のレップも準メンバーとして会合に出席することになる。

6月15日、ルクセンブルグに来ると、日本興銀（IBJ）LUXの荒木社長のアレンジで、経済大臣ヘルミンガー氏と面談、席上大臣から、欧州でトップクラスの貨物航空会社、カーゴルックスの日本の名古屋空港乗り入れに協力するよう要請された(結果は、石川県小松空港乗り入れとなる)。また、ルクセンブルグ市長マダム・ポルファァー女史や、日本国ルクセンブルグ大使南村隆夫氏夫妻に会ったりして、近年ここではビジネスではなく、日ル親善・友好の手助けをしている。

19日、LUXからロンドン（LHR）へ。21日、欧州機内誌連合の推進役の一人、ジョセフ・ポレーに会うためにパリ（CDG）に飛んだが、彼は病気でダウンしていた。やむを得ず、列車で経営大学院で有名なINSEADを訪問してド・ベッチンガー教授に面会、ここで発刊されている「ユーロアジア・マガジン」を日本で代表したいと申し入れ、仮了解を得た。実は、ある日電通の石川正信海外業務局長に会った時「阪上さんはよくパリに行かれますが、一時間ほど郊外のフォンテーヌブローにあるINSEADには是非一度訪問されることをお勧めします」と云われていた。美しいフォンテーヌブロー城を横目に見て電車の駅に向かった。パリでの泊まりはいつもバンドーム広場近くのホテル・ロティだ。

6月22日、パリ・オルリー空港、13時発、PA115（Jクラス）で、ニューヨーク（JFK）に飛ぶ、四回目の大西洋横断フライトである。

ゆったりとした大型ジャンボ機B747の快適なフライトで（だから飛行機旅はやめられない）、機内での飲み物は元々スカッチ・ウォーターだったが、昨年ボーヌでのブルゴーニュ・ワイン・セミナーを受講してからは赤ワインに執着するようになった。

NYC・JFKからは、同じPAフライト（Fクラス）でマイアミへ。2時間40分、B727新鋭機で快適スムーズな飛行だった。さすがにファースト・クラスではワインは飲み放題、ぼくが好きなピッション・ロングヴィル。コンテス・ド・ラランド1969をハーフボトル位空けた。

マイアミは暑い。30度（86℉）もある。アメリカ人憧れの南国空間である。23日、デルタ航空機内誌「スカイ」の発行元ハルゼイ出版社を訪問、パム・ウィンター女史と再会する。ここはでっかい出版社で、他にUSエアやエア・カリフォルニアの機内誌も発行している。

「アメリカ市場は広告予算の出所が異なるので、日本からの出稿はむずかしい」と、お互いに認め合っている。

マイアミから中南米各国の中小航空会社の機内誌を発行し、各航空会社に供給しているユニークな出版社ノース・サウス・ネットには、前回も訪問しているが、事務所が変わった。社長ディアナ・ベッセル以下社員は殆んどが女性で、それも美人揃いである。マルシア、ドラなど陽気で明るい。日本から数社が出稿しているここの機内誌「アボード」は、今、6誌あり、間もなくドミニカ版とスリナム版が新しく出版される。キービスケインのラスティ・ペリカンやコーラル・ゲイブルス・ゴルフクラブなどで食事をする。ギター演奏などのラテンムードが溢れている。24日もここに来て「アボード」誌の勉強だが、結局女性軍と楽しく遊んだ。

ココナッツ・グローブ、コモドール・プラザ、メイフェア・ショッピング・センター、ザ・ジンジャー・マンなどに行く。この辺りは緑の森や林の中に瀟洒な建物がある、どこかシンガポールの旧市街地に似た風情だが、アメリカとアジアは基本的に違いは明らかである。

近くのパティス・グループに行ったが、ここはBA「ハイライフ」誌のアメリカ代表（レップ）だが、かなりでかい会社で、広告代理店も経営しているようである。

25日、大ハプニングがあった。ぼくが帰国のためマイアミ国際空港出発待合室にいたところ、こちらに向かってくる日本人ビジネスマンあり、よく見ると「なんと、早津さんじゃないですか。どうしてここに」「いや、リオ・デジャネイロの帰りで、ここからロスに行きます」と。「じゃ一緒のフライトですね」と、お互いに奇偶を喜んだ。早津氏は、電通大阪支社の海外部長で、いつも大変お世話になっている大事なお得意先である。

マイアミを朝8時に出たPA440の最先端シート1Aに座り、5時間かかって西海岸ロサンゼルスに着く。ロスを13時に飛び立ったJL061は10時間で太平洋を越え、東京NRTに、26日16時に着陸した。四回目の世界一周旅行は終わった。

これまで我が社IELは、海外向け広告（日本企業の輸出促進のため）を専門に活動してきて16年になるが、その逆、日本の雑誌（本）に外国企業の広告を載せる仕事も手がけることになった。実業の日本社の依頼で、日本の書店で売られている各国別ガイドブック（日本語）に外国からの広告集稿を受け持ったのである。

まず手初めとして「ブルーガイド」シンガポール版を携えて1983年9月14日、東京NRTからCX501で、香港経由、シンガポールに夕方到着、オーチャード・ロードのヒルトンに泊まる。15日、SIA機内誌「シルバー・クリス」発行元、MPH出版社に赴き、8名の営業マン（半数以上が女性）に仕事内容を説明する。マネージャー、パトリック・アンがまとめ役をしてくれるので助かる。

日本旅行客向けのお店や商品の広告を入れてもらうのだが、結果として2ヶ月以内に、5頁の広告入稿があって成功した。

18日、香港に戻り、高級ホテル、マンダリンに泊まると、19日、コミュニケーション・マネジメント社のリナ・ロス女史と社長M・モヒンダー氏と会う。かれらが発行している、タトラー誌（高級社交雑誌）への日本からの広告を依頼されたが、これはどうだろうか、少々疑問だから保留にした。

11月13日、JL425でパリ（CDG）に着いて、14日、シャンゼリーゼ通り近くのエア・プルス・リジークルブ・アンテルナショナールのオフィスで、インフライト・ビジネスの実力者、ミッシェル・デボスとジョセフ・ポレと会談する。欧州機内誌連合会が発足したら、日本からは我が社IELも正式メンバーの一員になることが、確認された。「例えば、ドイツからはエゴン・ネーバーが、スイスからマルセル・ウェンリがレップとしてメンバーに加わる予定だ」と、ミュッシェル。オフィス近くのレストラン「ラ・ドューフ」で旨いボルドー・ワインを昼なのに一本開けた。ヨーロッパでのインフライト・ビジネスをよりよく展開するためには、実力者ミッシェルの了解と賛同を得ることが非常に重要であったのだ。これで恐らく日本で唯一のインフライト専門家と呼ばれるようになる可能性がある。

1980年に「ルクセンブルグ友の会」が活動を始めたが、1983年11月24日、大公国のアンリ皇太子訪日歓迎お茶会が、赤坂の東宮御所で催され、明仁皇太子、美智子妃殿下より夫婦で招待された。当時のLUX名誉総領事、興銀副頭取・内山良正氏の推薦による。翌日のホテル・オークラでのヘルミンガー大公国経済大臣主催レセプションにも招かれた。

1984年3月3日、東京NRTからKL868（B747・ビッグトップ機）で、4日AMS着。アポロ・ホテルに入る。本日は恒例、春のカーニバルで、色とりどり奇妙な衣装の行列が町を練り歩いている。KLM・HH誌のマインダート（マイク）と、アメリカン・ホテルやオイスター・バーに行く。オランダは英語がよく通じるので不便はない。

日本語のKLM機内誌が発刊されることになった。名称は〝風車〟「ウィンドミル」だ。東京青山にオフィスのある、有名作家・秦新二氏が編集を、広告はわがIELが担当する。KLMにも日本人客が増えたわけだが、これは海外広告と関係がない、むしろ国内（日本人）向けの広告活動である。

5日、スミーツ出版社に行ってHH誌編集長のケン・ウィルキーやジョン・スパローらと会談。サベナ航空（ベルギー）機内誌「スヘェアー」担当者ヤープ・カストと打ち合わせなどする（ヤープはその後、エディと共に訪日した折宝塚の我が家に来ている）。

左より　斉藤恵さん、著者、エディさん、ヤープ・カスト氏、松下氏

その後、フランクフルトに飛んで、高級ホテル、フランクフルター・ホフで修業中で、旧知の宮川氏（大阪ロイヤル・ホテルのシェフで後の総料理長）に会えて嬉しかった。8日、LUXよりロンドン（LHR）に飛んだが、LG403はB737のジェット機だった。ジェット機ではフォッカーのプロペラ機と違って雲の上を飛ぶので、外界の景観は雲ばかりで、おもしろくない。

ロンドン・ハイドパーク・コーナーにある、イン・オン・ザ・パーク・ホテルは高級だ（一泊、105ポンド＋15％もする）。9日、BAハイライフ誌発行元、ヘッドウェイ出版社で、ボブ・フォレスターとピーター・ハイマンに会う。「ピーター、君は欧州機内誌連合の結成に反対していると聞いたが」と問うと「いや、反対じゃない。ただ、フランスのデボスの一方的なやり方が気になっているのだ。いずれは一緒にやることになる」と確信を得た。夜は久し振りで、ソーホーの中華街へ、「九龍」で旨いワンタン、汁そばを楽しんだ。

3月10日、ロンドン（LHR）から、エア・インディア110便、ジャンボ・ジェットの二階席に座り、インドのデリーまで9時間、そしてボンベイまで2時間飛行して、暑いインドに上陸した。1963年、カルカッタ空港にトランジットしたことがあるが、実際にインドの土を踏みしめたのは今回が初めてである。港に面した「インド門」のそば、タージマハール・インターコンチネンタル・ホテル旧館にチェックインする。部屋は広くて、古典的インド装飾の歴史的雰囲気に満ち溢れているが、素朴な作りで気に入った。ホテル周辺は人や車が多く、雑然としている。裸足の子供も多い。

昨年から我が社IELで日本代表をしている、エア・インディア航空・機内誌「ナマスカール」出版元の社長（大きなおなかの大男）アナンダ・ジャイシンの案内でボンベイを走る。運転手付の小型車だ。まずオベロイ・タワー内インド料理店で辛いカレー、これはインドの定食だ。入江の周辺、マリオ・ドライブを走りマラバール・ヒル、ジャイナ・テンプル、そしてメート公園の鳥葬用スタジアムの外壁を見る。ゾロアスター教の地で薄気味悪い。最後にウィリンドン・スポーツクラブに行って、冷えた白ワインを賞味した。

12日、白い大理石造りのアナンダ大邸宅の応接間に幹部達が集合していた。エア・インディアのキャップテン、ジィミー・マーチン氏、「ナマスカール」編集長ホミ・ヴァキール氏、写真家のラフール氏（彼はその後、日本に取材に来て、宝塚の我が家で一週間泊まった）、その他デザイナーや経理士なども居る。アナンダは大金持ちで貴族的生活をしている。男性召使いが大勢いる。まるでマハラジャーである。

午後、純白のワンピース姿の可愛い秘書、スニタ・シン嬢と、後部座席に二人で並んで市内観光に出た。人や物が多く、道は狭い。男一人で引っ張る荷車と出会った。ぼくらの車の運転手は毫《わずか》も動こうとしない。荷車にバックさせようとするが、重くてなかなか動かない。大変な人だかりだが、誰も荷車の手助けをしない。ぼくが威張っているように見える。「運転手君、こちらが少し下がって、ちょっと横に寄ればいいのだ」と言っても動かない。返事もしない。結局、荷車が苦労して下がった。この間10分、群集は黙って車の中までじろじろ見ている。自動車は特権階級のものなのだろう。夜のパーティは、ジャスパー・デュガル邸で、夜中まで続いた。インドには今も階級社会が残っている。

タジマハール・ホテルは確かに今も一流だ。傑作なのはバーだ。入口に「犬と南アフリカ人お断り」とある。人口10億を超えるインドは、日本企業の重要市場である。機内誌「ナマスカール」に大いに期待している。

13日、編集長と可愛いスニタが小型車でボンベイ空港まで送ってくれた。途中の村々の貧しい風景は見るに忍びない。暑い、でっかい空港内は混雑していて、ごった返している。荷物のチェックインで、重いので超過料金を払えというが、チップをはずんだらOKになった。

ボンベイ発、18時45分、AI316は、バンコック（BKK）に夜中、14日の午前1時に到着する。急いでロイヤル・オーキッド・ホテルに入り一眠りだ。

14日、午後、タイ博報堂を訪問した。30人位のスタッフがいるようだが、旧知の村岡部長と久し振りに会って、夜は一緒に日本料理店〝浪花〟や〝クラブ愛〟など、案内してもらった。バンコックに来るのは4回目だが、今回住田さんにお会いする時間がなかった。残念だ。

15日、JL462で、バンコック（BKK）から東京NRTへ直行、17時に着いた。


5月7日、大阪ITM発、11時30分、SQ005（台北経由）で18時、シンガポール・チャンギ空港に着く。新開港した広くて素晴らしい大空港で、恐らくアジア随一だろう。到着口に免税店があり、コニャックやスカッチが安く買えるので、宿での寝酒分はここで仕入れることになる。

ホテルは、個性的デザインで評判の高い、グッドウッド・パーク・ホテルでぼくのお気に入りだ。館内サービスも抜群によい。

8日、MPH出版社の新オフィスへ。大きな倉庫を改造した、天井の高い広い事務所で沢山の人々が働いている。広告部長パトリック・アンと秘書のポウリン・チアに会う。日本から「シルバー・クリス」誌への広告出稿は順調に伸びていて、アジアの機内誌の中で、最も出稿量が多い。それは、航空網がアジア全域はもちろん、全世界に広がっていることに加え、シンガポール航空（SIA）の機内サービスが世界で最高級の評価を受けていることなどが理由にある。SIAは今や、米国・欧州の一流航空会社に伍して世界のトップ・エアラインの一つと見なされているのだ。

昼食にパトリックと、国立競技場・陸上トラック間近のレストランで、ちょっぴり辛い中華料理を戴いた。この辛さは日本ではあまり体験できない。

10日、チャンギ空港内、「シルバークリス・ラウンジ」で休んで、SQ008で香港に向かう。再びマンダリン・ホテルに泊まる。翌日、リナ・ロス、モヒンダー、ジェレミー・ミラー、ポール・リーなどと会う。米国「ウォール・ストリート・ジャーナル」の香港代表であるジェレミーとは27日、東京で再会を約して、12日、香港からJL702で大阪ITMに帰る。

8月13日、関西ではお盆の始まりだが、NRT発21時30分の、KL868のFクラスで、AMSに、14日早朝に着く。ルクセンブルグ友の会（FOLC）の第二回親善旅行団（8名）を引率するために、スイスのジュネーブで合流し、LUXに向かうのだが、その部分は省略する。

21日、パリからロンドンへ。前回にも泊まったイン・オン・ザ・パークに入る。このホテルは本当に素晴らしいが、一泊4万円ぐらいする。22日、かねてより交渉中のサウジアラビア航空・機内誌「アーラン・ワサラン」の出版社のある、スロー駅までパディントン駅から列車で15分だ。タクシーでやっと出版社に着いた。担当者マイケル・シャレット氏は「日本のイスラム協会会長と、こちらのモスレム会議によって日本代表は決まる」と、言う。なんとも難しいが、石油王国のエアラインだから、どうしてもこの機内誌はものにしたいと思う。既に現地出稿で、日本企業ソニー、リコー、セイコー、JVC、ペンタックスの広告が掲載されている。だが相手がイスラムだからどうなることだろう。

23日、ロンドンからKL118でAMSへ。ダム広場の老舗ホテル、クラスナポルスキーに泊まったが、この一階にある日本料理店「江戸」の評判がよい（日本人でなく外国人に）。

24日、AMS発、KL867で翌日午後NRT着で帰国した。

9月20日、経理上のトラブルがあって、その調整のためにシンガポールへ、CXフライト。クラウン・プリンス・ホテル（日系）に泊まる。21日、MPH出版社へ。パトリックと今回新入の中堅社員フーシュー・サイ君（元ストレイツ・タイムズ営業社員）と会談。彼は相当にやれそうだ。日本の旅行ガイド、「ブルーガイド」シンガポール版に4社の広告が決まった。イセタン・シンガポール、セランゴールピューター、C・T・ホー、リイシスなど、あと二、三社決まりそうである。飛行機内で知り合った陳さん仲間四人（全員陳・タンさんだ）と生きたままのエビを酒蒸しにする「残酷料理」など食する。ぼくはこの席ではフレッド・タンと呼ばれていた。

24日、シンガポールから香港に来ると、わが社IELの社員五名が社員旅行兼ブルーガイドの営業活動のためにここに来ていた。夕刻シャングリ・ラ・ホテル21階のティアラ・ラウンジでカクテールを。ここは香港九龍で指折りの、香港島を臨む見晴らし最高の高級ラウンジ・バーである。25日には香港島西部にあるコミュニケーション・マネジメント社のオフィスへ行ってリナ・ロスなどに会った後、IELの中村はドナ・リーと一緒にブルーガイドの香港でのセールスに出かけた。夕刻より香港湾クルーズ船に乗って夜景を楽しみ、その後、香港ホテルのガン・バーで夜中一時まで騒いだ。26日、社員は帰国したので、リナ・ロスとモヒンダーと一緒にジャグアーに乗って香港島裏側アバディーンにある会員制レストラン「マリナ・クラブ」で、「タトラー」誌などの打ち合わせ、ここ香港では機内誌の仕事は今のところない。26日、NRTに帰り、興銀から転職された内山日産副社長（ルクセンブルグ名誉総領事）の紹介で買った、日産サンタナを運転して赤坂RHに戻ると、夜11時だった。

1984年、五度目の海外出張は一番大事なヨーロッパである。12月1日、愛用の日産サンタナで、朝9時宝塚を出発、名神・中央道をドライブして東京へ、赤坂RHに17時、その後成田まで走って19時に日航成田ホテルにチェックインする。

12月2日、東京NRTから、AF269（ル・クルブ）モスクワ経由でパリ（CDG）に夕方到着する。ホテルはいつものホテル・ロティだ。ぼくのお気に入りである。そして3日、パリからアムスへ。AF914、B737機で飛ぶ。アムスのホテルはこれもぼくのお気に入りのホテル・ド・リューロップで料金はギルダー・250。明日は機内誌（インフライト・マガジン）のヨーロッパ連合会が開催されるのでその準備もしなければならない。

4日、長年の懸案だった、希望の星、欧州機内誌連合会第一回会合が、アムステルダム市ノルトホランド・ストラッセにある、スミーツ国際出版社会議室で開催された。司会はマインダート・スラグター（KLM）。出席者はミッシェル・デボス（AF）、ピーター・ハイマン（BA）、エゴン・ネーバー（LH）、ヤープ・カスト（サベナ）、ブラット・ビヨルクマン（SAS）、そしてぼく、ヒロ・サカガミ（日本レップ）で、今回はスイス・レップ、イタリア・レップや米国レップが欠席していた。

これだけ競合航空会社の機内誌担当者が一堂に会したことは、まさに画期的な出来事である。この日を期して、お互いが共同して他の国際広告メディア、例えば「タイム」とか「ニューズウィーク」に対抗しようとする意志が固まったのである。

会議終了後、マイクとエディと魚料理店「ル・ペシュール」で、新鮮なカキとサーモンを楽しむ。マイクはこぼしていた。「ミッシェルは変人だからやりにくい」と。フランス人ミッシェル・デボスは独創的だが一方で独裁的でもあるので、嫌われるのだ。ヨーロッパ人のメンタリティは各国毎に異なっているので、まとめ役は苦労する。

5日、AMS発13時、BA409でロンドン（LHR）に13時に着く。時差1時間あるので同時間となる。ドチェスター・ホテルに行ったら予約はキャンセルされていると云う。六本木のアメックスの係が、間違って消してしまったようだ。やむを得ず隣りのヒルトンに行くがここは満室だし、グロブナーもだめ、結局ストランド通りの名門サボイ・ホテルに落ち着く。これでよし。

6日、ロンドンの国際広告業界の人たちに会ったら、こんな噂を聞いた。

「近頃、アメリカが主だが、「メディア・バイヤー」と称する商社が出てきて、機内誌を含むいろいろな出版物（広告媒体）のスペースを一括して大量に買い取って、それを切り売りして各代理店に卸すらしい」と。

そうなれば広告主は少しは広告料金が安くなるのだ。そんな会社が生まれてきているらしい。これまでの広告業界の常識と、広告出稿手順を破壊する動きである。大規模なこんなバイヤー（商社）が現れると、既存の各国のメディア・レップの存在が危うくなるのだ。時代はいつも動いているので色々と情報を得る必要がある。
この後、LUXとパリを経て、12日、フランクフルトより南回り、LH648で、カラチ、バンコック空港にトランジットして、13日午後、東京NRTに着く。サンタナに乗って赤坂RHに18時に帰った。

1985年は、阪神タイガースが21年ぶりに優勝、日本一になった年だ。また、1月6日母校、同志社ラグビー部が、決勝で宿敵慶応を10対6で破り、一昨年、昨年に引き続き三連覇で大学日本一になった年でもある。同志社の優勝は、81年1月に明治を11対6で破った時と合わせて四度目である。毎回、国立競技場の寒いスタンドから熱い声援を送ったものだ。もう一つのスポーツ情報として、5月の電通インターナショナル・ゴルフ（DIG）大会で、ぼくが準優勝とベスト・グロス賞を獲得したことも忘れられない。厚木国際ゴルフクラブで、50名位のコンペだった。

2月13日、タイ国際航空・機内誌「サワディ」の取引条件や、レップ手数料10％（普通は15％）からの増額など協議するため、東京NRTからタイ航空TG740の快適フライトで、米西海岸のシアトル・タコマ空港に到着、エアポート・ヒルトンに泊まって、タイ航空のジェンセン広告部長と面談、ほぼ了解を得た。「もっと日本からの広告の増加が条件ですよ」と、釘を刺された。東京のIEL営業マンにテレックスを送信する。

空港からシアトルのダウンタウンに向かうとボーイング社の大工場があり、沢山の飛行機が並んでいて壮観だ。海辺に近い、坂道の多いシアトルだが、明るくて綺麗な町だ。空港からウエスティン・シアトル・ホテルまでタクシーで20分だった。

14日、午後1時、シアトル・タコマ空港を出発したイースタン航空EA453（アトランタ経由）で、三度目のマイアミへ行く。陽光輝き温暖なヒスパニック雰囲気の空港（スペイン語が第一言語となっている）に、デルタ航空・機内誌「スカイ」の発行元・ハルゼイ出版社より、経営者パム・ウインター女史とトニー・フォレイ氏の出迎えを受ける。パムの父親、元社長のハル・ウインター氏は昨年死去したとのこと。穏やかで知的な紳士だった。

「デルタ・スカイ」誌や、「USエア」誌など数誌で構成する機内誌ネットワークAGO（エア・グループ・ワン）は、米国機内誌連合としては強力な広告グループで、発行総部数は、月に100万部を超え、広告料金も1頁1千万円近くになる。一度、東京六本木の小規模な広告代理店から東芝の広告が掲載されたことがあり、その反響は大きかったし、我が社IELの売上増にも貢献した。

15日、マイアミ市にある「アボード」誌のオフィスに行って、ディアナ社長、ジンジャー、ドラなど女性営業部員と歓談。前回会った美人のマルシアは結婚して、よく遊びに来社するらしい。「アボード」誌の配布状況で、広告主の現地駐在員から、「ある飛行機のシートポケットに機内誌が入っていなかった」など苦情があったことなど、色々正すが、なにしろ中南米は政情不安定で、各国の小航空会社では路線変更や廃止などあり、機内誌の配布が不定期になったりしているようだ。この辺は日本でお得意先に説明するとき非常に苦慮するのである。ココナッツグローブのザ・マッティニー・クラブで食事。ここではたまたまタクシーが友好的で、4ドル20セントで5ドル札を出すと、1ドル返してくれたことがある（チップなし）。アメリカでは珍しいことだ。釣銭がなかったからだろう。マイアミは何度来ても楽しい所である。もっとビジネスが増えればいいと思う。16日、マイアミ空港を朝7時に出た、PA575は、9時テキサスのダラス・フォートワース空港に着く。何と馬鹿でっかい空港だろうか、乗り換えに苦労する。タイ国際航空のラウンジで一服する。10時40分発、TG741のロイヤル・エグゼキュティブ・クラスで一路東京へ向かう。17日、午後5時、NRT着。大阪へ帰るため国内線へと羽田（HND）までタクシーを飛ばしたら、1万7710円かかった。

世界の一流航空会社の機内誌に日本企業の広告を掲載することが目的のインフライト・マガジン・ビジネスは、1971年、KLM、HH誌の日本代表決定から始まったが、14年を経て機内誌の数も増え営業成績も順調に進展していて、少人数での会社経営が可能となった。しかし、仕事だけが人生の目的ではないのだから、少し脱線して、好きなワインの研修や、ちょっとした海外不動産投資（これは会社の利益に繋がる）などにも目を向けたいと念願している。そして3月12日から23日まで、ぼくが私淑しているワイン学の権威岩野貞雄先生グループの一員となりフランス、ドイツ、ルクセンブルグのワイン産地研修旅行に参加した。その最終日、フランクフルト空港ターミナルBの最上階にある「ファイブ・コンチネント・バー」で、「インター・エアポート」誌のジョージ・イエガー氏と商談に入り、長時間協議した。今回の旅行で唯一の仕事だった。

5月31日、正規航空運賃（ビジネス・クラス）81万800円を支払って、東京NRTからLH653でフランクフルトへ、乗り継いで6月1日パリに着き、ル・グラン・ホテル横のヘレン・デール店で、3月にディジョンでぼくが不注意で忘れた小バッグをずっと預かってくれていたのを受け取る。ロンドンで重要な仕事、「エアポート・サポート」年鑑に日本の東芝の広告を掲載することを確認した。その後、ドイツに渡り、ヴィルツブルグのボーケル出版社で、フィロメナ・ヴィル女史と会うと、「日本からもっと広告を入れてもらわねば困る。うちの業界誌はそれだけ価値のある広告メディアだよ」と、彼女は力説していた。ホテルから、我が社ＩＥＬの営業・中村君にファックスを打っておいた。帰り便は、ＬＨ６５０で、ＡＮＣ及び東京ＮＲＴ経由で大阪ＩＴＭまで飛んだ。大阪まで同一機で飛ぶ便は非常に好都合である。

日本で発売の海外旅行ガイド、「ブルーガイド」のシンガポール版、香港版に加えて、バンクーバー（カナダ西部）版への広告入稿の仕事で、勇躍、憧れのバンクーバーに向かう。7月13日、東京ＮＲＴ発20時20分、ＪＬ０１６で、太平洋に面した美しい町バンクーバーに向かい、同日、12時20分に着く。真夏なのに24℃と快適な気温だ。この日の為替レートは、1カナダ・ドル＝１８６円だった。町の中心地バラード・ストリートのハイヤット・リージェンシー・ホテルに泊まる。

さあ、ここでいいコネクションを作らなければならないと、あちらこちらと調べ歩いた。偶然、あるお土産店「東京堂」に入って、角谷氏と李氏に出会う。彼らに会ったことが、ぼくのこれ以後のバンクーバーでのサクセス・ストーリーに繋がったのだから、縁というものを大切にしなければならない。この時から30年になるが、角谷政一氏（通称マイク）とは終生変わらぬ朋友となったのである。

「ブルーガイド」の広告セールスを担当してくれた山口喜久馬氏の努力が実って大成功、充分な実績をあげてくれたのである。帰りの便は19日、バンクーバー発15時5分、JL015で、東京NRT着、20日、17時15分。タクシーは赤坂RHまで、2万1500円だった。えらい高くなった。

この年（1985年）8月12日、東京HND発の国内線JL123便、大阪ITM行き午後6時発のジャンボ機が、群馬県御巣鷹山に墜落、520人が死亡（四名奇跡の生存）の大事故があった。123便羽田午後6時発は、曜日は違うが、ぼくがほぼ毎週搭乗している日航便だったので特に印象深い（その後JALの123便名は永久欠番となっている）。

9月17日、大阪ITM発のTG611、機種はヨーロッパ製のA300で、香港へ。フラマ・インターコンチネンタルに宿泊、直ぐCMLのポーヤ・モヒンダーに会い、「ブルーガイド」香港版の広告入稿状況など協議する。もうひとふんばりしてもらわないと、採算ベースに乗らない。日本の小売業ではコーズウェイ・ベイのそごう百貨店や三越などが大盛況で賑わっているのだ。

19日には、SQ051でシンガポールに飛ぶ。新しくできたパビョン・インターコンチネンタル・ホテルに四泊する。ここではぼくの名前は仮称フレッド・TANG（陳）だ。宿帳にもこの名前で登録されている（？）。

20日、社員旅行でここに来たIELの6名（斉藤、中村、猿渡、内山など）と合流、MPH出版社の社員との会合、観光など、夜は、ぼくの友人で元パレス・ホテル・レストラン赤坂のマネージャー氏が色々と面倒をみてくれた。22日、タイパン・ホテルでＭＰＨ主催のディナー・パーティが催された。ＭＰＨ側はフー・シュー・サイ（何集才）、ポーリン・チア、ラベンダー・タン、ドリス・ファンなど（パトリック・アン部長は今朝方母死亡で欠席）と、我が社ＩＥＬ７名が交互に座り、全員英語（？）で騒いだ。大変有意義な社員研修旅行になったのだ。特に、シンガポール航空がもっと身近な存在になったことだろう。

帰りは、ぼくだけ香港へＳＱ０５８で、香港からは、ＴＧ６１０で、台北（中正空港）経由にて大阪ＩＴＭ、19時着。23日だった。

11月25日、東京ＮＲＴからＣＰ００４でバンクーバーに、同日朝10時30分着。ブルーガイドの広告集稿をお願いしている山口君が空港でお出迎え、「百貨店イートンが1頁決まりました」と、嬉しい知らせだ。午後、パシフィック・ウエスターン航空機内誌「スカイワード」の発行者、ロビン・デービス氏と会う。ＰＷＡはカナダ西部で強力な路線を持つエアラインだったが、いつの間にかどこかに吸収されてしまった。

26日、マイク角谷、山口両君と雪の中ＢＣ州の奥地（バンクーバーより北東へ）にランド・クルザーを走らせる。目的地はユーコン・ログ会社だ。日本で昨今、ログ・ハウス（ログ・ホーム）を建てるのが流行していて、米国やカナダの材木（丸太）スプルースなどが注目されているので、あわよくば日本にカナダのログ材を輸入したらどうか、などと考えていた。あくまで本業ではないのだが。27日は大雪で気温はマイナス9℃。角谷氏と亀井鮨に行く。バンクーバーの鮨は、ネタが新鮮で、安くて、世界最高だと思う。特にサーモン（鮭）は、何年か前、セントアンドリューズに行った折に食したスコットランドのサーモンと並び称されるスシ・ネタだ。町の中心地に回転ずし「壱番館」があった。

この日の夜、悲しい知らせが、宿舎フォーシーズンズ・ホテルに入った。日産自動車・副社長・内山良正氏が亡くなったのである。ルクセンブルグ名誉総領事として、興銀副頭取時代から大変お世話になった大恩人である。

帰りは、28日、バンクーバー午後発のCP003で、東京NRT29日、夕方着。空港パーキングに預けておいた、内山総領事の紹介で買った日産サンタナを運転して赤坂RHへ帰る。

1986年、50歳になった。インターマート（IEL）設立から19年になる。ヨーロッパのインフライト・マガジンの共同化、欧州機内誌連合会が本格化する年だ。

2月終わりにバンクーバーに行って（行きはCP004、帰りはJL011）ログ・ホーム関係の

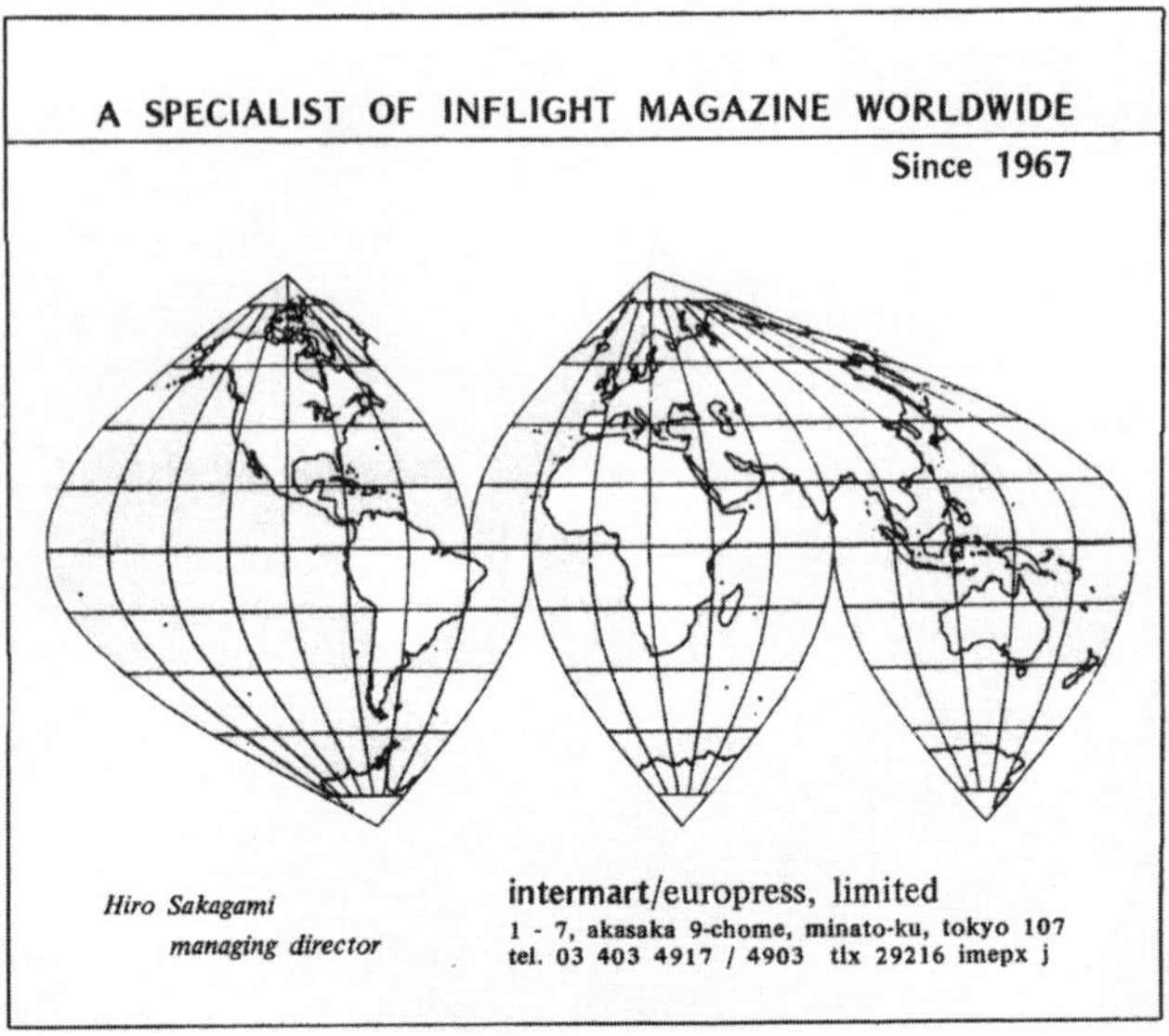

HORIZON誌（1985年）インターマート株式会社の広告

折衝や、本年「バンクーバー百年記念」のエキスポＥＸＰＯ68の話題で終始した。

4月10日、東京ＮＲＴ発のＫＬ８６８でＡＭＳへ。そして、ロンドン、ＬＵＸ、パリと渡り歩いて再びアムスへ。ソネスタ・ホテルに入る。

16日、ＫＬＭが主催する、インフライト・メディア国際シンポジウムが、ホテル傍の元教会ケッペルザールで開催され、40名を超える関係者が参集した。ヨーロッパで、機内誌関係者が一堂に会する二度目のイベントであった。主催者はＫＬＭ「ホランド・ヘラルド」誌発行元、スミーツ国際出版社で、議長は、マインダート・スラグター。編集関係のケン・ウィルキー、ジョン・スパロー、サベナのヤープ・カストなどに加えて、フランスからミッシェル、デボス、ジョセフ・ポレ、ドイツのエゴン・ネーバーなど多士済々だった。HH誌ガラ・パーティには、40名を超える人々が参加してごったがえし、皆んなダンスに興じたり、ワインを楽しんでいた。ヨーロッパの機内誌連合会の正式発足に向けての有意義な国際イベントであった。

5月24日、大阪ITM発、14時35分、UA810でサンフランシスコ経由、ロサンゼルス（LAX）に同日午前11時18分に着く。どんより曇り空の大都会はむし暑い感じがする。カリフォルニア州立大学に留学中の長男・仁志がレンタカーで空港に出迎え。ウェスティン・ボナベンチュアに泊まって、25日、結婚してサンディエゴに住む元IEL社員、斉藤恵さんがアムトラックに乗車してロスまで来てくれたので、三人でリトル東京にある、ニューオータニ・ホテルの高級すし店「千羽鶴」で夕食だ。

この後、ログホームの関係先との折衝で、カナダのカルガリー、ウィニペック、パインリバー（マニトバ州）、サスカツーン、ホルベィン、エドモントン（アルバータ州）を回り、29日、バンクーバーに来て、BC州政府商務局、EXPO86の関係者に会って、6月1日、CP003で東京に帰った。帰り便は偏西風に逆らって飛ぶので10時間位かかる（行きは8時間位）。

海外広告の仕事ではないが、8月15日、東京NRTからCP004で再びバンクーバー空港へ。直ぐエアBCのダッシュ8の小型機でBC州東部のカムループスへ飛ぶ。ログホームの関係者と、ラック・ル・ジューン、ケロウナ、エドモントンをめぐって、18日再びバンクーバーへ戻ると、ちょうどEXPO86が開催中で、何故かぼくはVIP待遇で招待されて入場し、特別扱いで見学した。リニア・モーター列車にも車掌室に乗せてもらって、少しだけ走った。このところバンクーバーでは、マンダリン・ホテルが常宿になっている。20日、カルガリーに用があってウエスティン・カルガリーに一泊して、帰りはバンクーバー空港経由、CP003で、23日東京NRTに帰る。

機内誌ビジネスとは全く関係のない話だが、インターマート（株）内にインタークラフト事業部を設け、ログホームの木材などを扱う小さな商売（まあ趣味に近いが）を始めた。信州白樺湖の近く「緑の村」別荘地の一区画にカナダ・マニトバ州から輸入したログホームを二棟建て、それを見本としてログホームの販売を始めたが、なにしろ素人で、競争相手は手ごわく、それにこちらは片手間でやるものだから、思うように売れなくて、この近くの別荘地に数棟売っただけでこの分野から撤退した。「インタークラフト」の名称はその後、元わが社IELの社員だった中村拡司氏が引き継ぎ、今も一流クラフト工芸事業として松戸市で経営している。

再び、ヨーロッパに話を戻そう。

1986年11月29日、東京NRT発11時45分、AF275(サンセット・エキスプレス)の直行便で、パリCDGに16時25分に着く。ポルト・マイヨーのメリディアン・ホテルに泊まる。翌朝パリ周辺は物凄い霧に覆われ、空港は閉鎖された。隣りの出発待合室には、見覚えのあるT氏ご一行が居て、あいさつに行く。結局、一日中動けなくて、最終的に空港からルックス・エア仕立てのバスに15人乗り込み(弁当付)、霧の中6時間かけてルクセンブルグ市の中心部にようやくたどり着いた。この折、一人の旅客が居なくなっていたが、それは元LUX興銀社長、LUX総領事のK氏で、彼だけ(パリの)自家用車で先にルクセンブルグに到着していたのだ。

この頃からLUX大公国では、高級ホテル、ル・ロワイヤルがぼくの常宿になっていた。大公国の外務省に呼ばれたが、直接会った外務審議官、ピーター・グラメニア氏(数年後、日本大使になる)から「東京にルクセンブルグ大公国大使館を設置する。そして初代日本大使には、ジャン・ルイ・ヴォルッフェルド氏(現ジュネーブ大使)が就任する」とのお達しがあった。

この地で唯一の週刊英文ニューズ誌、「ルクセンブルグ・ウィーク」の編集長ポル・ヴィルツ氏と歓談、彼がその後日本に来た時、ぼくの赤坂RHオフィスで一緒に写真に納まったが、その写真と記事が次号に掲載された。

親友ギーは元気で、もっぱら出版事業に精力をそそぎ、大成功していた。ギーとはいつも町の中心地プラス・ダルムの「ラ・ローレヌ」で食事をする。魚料理で有名である。ここで飲むワインは、決まってルクセンブルグ・モーゼルのリースリングで、酸味がさわやかで、爽快な白ワインである。若い時は一人で一本ずつ空けていた。プラス・ダルム広場にはカフェが沢山あって賑わっている。ここでは色んな人に出合う。ギーの知人の大臣や学者にも会ったことがある。

12月2日、明日の欧州機内誌連合会に間に合うようロンドンに向かおうとするが、大霧で空港周辺も晴れそうにない。皆いらいらしている。出発ターミナルの中をぐるぐる回って歩いている夫婦もいる。結局、フランス北部のメッス空港まで（約2時間）バスで移動し、そこからロンドンへ飛ぶことになった。

メッス・フラスカティ空港には数機のルックスエア機が待機している。ここでは霧が少なかったので、フォッカー27のLG４０3便は、2時間かけてロンドンLHR空港に難なく滑り降りたのだ。明日の重要会合に備えて、英気を養うためにハイドパーク・コーナーの宿舎、インターコンチネンタル・ロンドンで上等なブルゴーニュワイン「ボーヌ一級」を一本空けた。これでゆっくり眠れるだろう。

12月3日、ロンドン郊外ウェンブレーにあるリサーチ・サービス社（RSL）で、欧州機内誌連合会（仮称）、別名・ユーロプ・インフライト・ミーティングが開催された。出席者は委員のマイク・

スラグター（KLM）、ジョセフ・ポレ（AF）、ボブ・フォレスター（BA）、マイケル・ニューマン（IB）に加えて、アメリカのジェフ・バトラー（E／W）、ドイツのエゴン・ネーバー（独レップ）とぼく（日本レップ）など合計20名が出席した。議題は、86年5月より87年4月の一年間、RSLが実施する機内誌読者調査「トラベルメーター調査」だ。調査期間中の旅行者約2500万人の中から4621人を選び出し、機内誌への接触調査を実施し、分析する。この調査結果は、1987年夏ごろ発表される。この調査のスポンサーは16社、BA、AF、KLM、SAS、アリタリア、サベナなどの機内誌に加え、各国レップ、イースト・ウエスト・ネットワーク（米）、ブラット・マーケティング（スウェーデン）、アントニオ・サンブロッタ（イタリア）、パティス・グループ（米）、日本のインターマートなど、である。ドイツのエゴンはこう言っていた。「今日、ミッシェル・デボスは欠席しているが、彼は「狐（フォックス）」だよ」と。

夜、インターコンチ8Fのロイヤル・スイートのレセプションで再び数人が顔を合わせて歓談した。インフライト仲間で共同事業（調査など）に着手したのはその歴史上、画期的な出来事である。

5日、パリCDGからAF274で、ANC、NRT経由で大阪ITMに6日、16時45分着、空港にはIEL宝塚オフィスの音田君（インター・クラフト担当）が自分の車で出迎えに来てくれていた。

ギーとセルクル・ミュンスター・クラブのバーにて

1987年5月2日、東京（NRT）からJL425で、3日パリ（CDG）へ。直ぐ乗り換えてLG202でLUXに着く。5月だというのに寒いし雪がちらついている。ル・ロワイヤルに宿泊すると、4日、ギーの勧めでノートルダム大聖堂裏の大公国政府庁舎（外務省）を訪問し、ゲッベール外務大臣と会見する。「ルクセンブルグと日本の友好増進により一層努めてもらいたい」との励ましの言葉を頂戴した。

親友ギーは、もっぱら出版事業に専念していて、彼の広告会社アンテルピュブリシテ（ip）の株式7パーセント（約100万株）をヒロに売却したいと言うので、引き受けた。ギーとはいつもお互いにメンバーになっている高級ビジネスマン・クラブ「セルクル・ミュンスター」で会議をする。

6日、友人ジョエル・ショルテス君が勤めているIBJ（日本興業銀行LUX法人）に行って、日本人幹部と歓談する。同日、12時20分発のLG403のロンドン行きには、大公国皇太子、アンリ殿下も同乗されていた。偶然の出会いであった。アンリ皇太子とは日本で二、三度お会いしている。

ロンドンでは、BA「ハイライフ」誌の発行元ヘッドウェイ出版社に行く。ロンドン中心部、ピカディリー・サーカス近くにあって交通に便利だ。ボブ・フォレスターと会う。「9月には、ここロンドンで「トラベルメーター調査」の結果発表プレゼンテーションがあるが、その後、ヨーロッパから幾人かが日本に行って、日本でもプレゼンテーションを行いたい。そのアレンジはヒロに任せる」と、ボブ。さらに「ヨーロッパの機内誌仲間で日本に何らかの会社組織を作りたいのだが、一口乗らないか」と言うので「OK、俺に任せろ」と大見得を切った（この国際会社は、かなり形を変えて香港にできたのだ）。6月にまた、ここに来る予定なので、今回は直ぐ日本に帰る。

日本での雑用（資料作りや経理関係）が多くあり、海外出張の日数が限られてきている。

6月20日、ブリティッシュ・カレドニアン航空・機内誌「レッツゴー」の日本代表だったので、同航空会社からの招待で、東京NRT発12時20分、BR051の直行便にて、ロンドン・ガトウィック（LGW）に16時45分着。運転手付ボルボ車で、ポートマン・インターコンチネンタル・ホテルへ。

費用はすべてカレドニアン航空が負担した。

22日には、ルクセンブルグ大公国建国記念日の前夜祭があり、友の会FOLC会員5名が別便で参加していた。真夜中12時、即ち23日（建国記念日）の零時にペトリューズ峡谷に花火が上がり建国を祝った。なんと気温は零℃だった。その後、パリに行き、パリからロンドン行きフライトが航空ストのため飛ばなくなり一日遅れてロンドンに着いたが、ハートフォード女史（英高級雑誌経営者）との約束が守れなかった。その後コペンハーゲンのチボリ公園に行ったが、CPHからSK553でアムスに到着した。ここからまた仕事である。

6月29日、KLM・セールス・ミーティングがあり、宿舎アムステル・インターコンチより駆け付ける。会場には既に、マイクとエディ、そして新しくマネージャーとなるポール・ゾンダーランド氏が待っていた。新しい広告メディア、「フライング・ダッチマン・インターナショナル」誌や、KLM機内ビデオ広告「エアロ・ビジョン」の説明があった。機内ビデオ広告には、近々日本から日産自動車の広告が入る予定だ。9月に発表される「トラベルメーター調査」は、一年間の調査は既に終了して、目下、集計と分析の段階だが、結果はかなり良さそうである。機内誌ビジネスに役立つ画期的調査結果を見るのが楽しみである。

アムステルダムは水の都である。よく似た運河が何本も通っていてその両岸の緑が美しい。その並木際は駐車場になっているところが多い。少々そそっかしいマイクは、愛用車、三菱製の車を昨夜、酔っぱらってどこに置いて帰ったか忘れてしまったと大騒ぎしていた。

30日、ＡＭＳ発12時30分、ＫＬ６９３は、アイスランド、グリーンランド辺りをかすめて北大西洋を越え、大カナダ大陸を横断して、西海岸バンクーバーに14時45分に到着した。ＫＬＭの機内サービスは満点で誠に快適フライトだった。

バンクーバーは６月なのに暑い。角谷氏と李氏そして山口喜久馬氏のお出迎えを受けて恐縮する。彼らの車でマンダリン・ホテルへ。このホテルで、元エア・カナダ機内誌「アンルート」のカナダ西部レップだったハロルド・ホワイト氏と会って意見を交換した。全カナダをカバーするエアカナダの機内誌は是非、日本代表に加えたいと考えている。７月１日は、カナダ・デイ（建国記念日）だ。バンクーバーから少し離れた半島の広大な部分を占めるカナダの名門大学、ＵＢＣ（ブリティシュ・コロンビア大学）の一部を見る。このＵＢＣ内には、18ホールのゴルフ場や、新渡戸稲造庭園などがある。

２日の帰国便は、ＣＰ００３で、３日東京ＮＲＴ着。約９時間のフライトだ。今回は地球の北部をぐるりと回る世界一周旅行だったのだ。

9月22日、東京NRTからJL401でロンドン（LHR）へ。直行便だからその日の夕方に着くので都合がよい。ロンドンは18℃と、日本のような残暑はない。知り尽くしたロンドン中心部よりやや東寄り、ストランド通り東アルドウィッチの老舗ホテル、ウォルドルフに泊まる。明日このホテルのボール・ルームで欧州機内誌連合の会合がある。

23日、100人を超える広告関係者、報道関係者が集まった。シャンパン片手に入場する。リサーチ・サービス社（RSL）が一年間を通して調査した「トラベルメーター調査」のプレゼンテーション（スライド映写と共に）が始まった。

調査結果は、「76パーセントの人たちが機内誌を読んだ（74％）か、あるいは家で読むために持ち帰った（2％）」、という結果が出た。調査期間中のヨーロッパの旅行者、2510万人（推定）の中からランダムに4621人を選び出し、機内誌及び国際誌への接触態度を調査・分析したものだ。その結果インフライト・マガジンは、航空機を利用する旅行者、特に頻繁に航空機を利用するビジネスマンに対するコスト効率のよい広告メディアである、と結論づけている。これまで読者調査データに乏しかった機内誌が、他の国際誌に伍して一躍有力な広告媒体として認知されたのである。

この読者調査「トラベルメーター」は16社がスポンサーとなって実施された。航空会社関係はAF、BA、KLM、SAS、アリタリア、英カレドニアン、サベナ（ベルギー）の7社、他に各国レップ、ドイツ（エゴン・ネーバー）、スウェーデン（ブラット）、イタリア（アントニオ・サンブロッタ）、アメリカ（パティス）、日本（インターマート）などがスポンサーとなっている。ぼくだけが日本人として唯ひとり名を連ねている。

プレゼンテーションが終わって、ボブ（BA）、マイクとエディとポール（KLM）、ビー（サベナ）などとコベント・ガーデンの「レ・ザミ・ド・ヴァン」で、夕食を兼ねて、たらふくワインを楽しんだ。会話は殆んど英語だが、フランス語やオランダ語が混じっていたりして日本人には複雑難解である。

24日には、アラン・チャールス出版社へ。ジョフレーとロズ・ジャックソンに会う。ロズはドイツの「エアポートフォーラム」誌のイギリス代表で、「29日、フランクフルト空港での展示会インター・エアポートで会おう」と別れた。ぼくは「エアポート・フォーラム」誌の日本代表である。25日から、LUX、トリアー、ベルンカステール、ストラスブルグ、チューリッヒと回って、29日フランクフルトに来る。

29日の国際空港展示会「インター・エアポート」は、広大なフランクフルト空港内で、ドイツの運輸大臣などの挨拶で始まる大規模な催しだった。「エアポート・フォーラム」誌は、展示場中央にブースを構えていた。イギリスのロズにも再会する。30日、フランクフルト13時発のＪＬ４３４で、ハン

フランクフルト空港にて

ブルグ、ANC経由で東京NRTに10月1日、午後4時に着いた。

10月には約束通り、フランスから欧州機内誌連合会の役員、ジョセフ・ポレ（リジー・クルブ）らが来日し、我が社IELのスタッフ共々、東京の主だった広告代理店、電通海外業務局、博報堂国際局、スタンダード通信社などを訪問し、「トラベルメーター」のスライド映写などプレゼンテーションを実施した。機内誌が海外広告（国際広告）の一流メディアとして広く認められる絶好のチャンスであった。これ以後、日本企業、特に時計、カメラ、精密機械などの広告が増加したのは事実である。

11月4日、韓国の広告代理店、進成企画（ジンスン）

の要請でソウルに飛ぶ。シーラ（新羅）ホテルは立派なホテルだ。ホテル・オークラと姉妹関係にあるらしい。翌日、進成の高社長がホテルに現れた。好紳士である。ラッキーゴールド（LG）の広告をイベリア航空（スペイン）の機内誌「ロンダ」に載せたい、と申し入れたところ、日本のIELがアジアのレップなので、IELを通すように指示があった、と言う。「その通りです。私共がお引き受けします。但し、あなた方の手数料は10パーセントですよ」と明言して了承を得た。このオーダーは毎月掲載で2年続いたが、何のトラブルもなかった。5日、美しい漢江を見たが、観光はなし、直ぐ金浦空港より台北に飛ぶ。6日、圓山大飯店に、わが社IELの社員、秋山、中村、ロニス夫婦、内山、それに社友の松下氏の六名が社員旅行で来ていて合流する。故宮博物館に行ったり、旨い台湾料理を食したり、カラオケに興じたりして、7日、皆んなと別れて、台北中正空港よりEG232（ジャパン・アジア航空）で大阪ITMに帰る。

台北滞在中、ぼく一人で、日本代表をしている中華航空・機内誌「ダイナスティ」のオフィスを訪問した。相手はJ・ヤングというので欧米人と思っていたら、出てきた人は背の低い台湾人だった。「ヤング」とは陽（yang）さんだったのだ。

1987年7月に、ルクセンブルグ大公国大使館が、千代田区二番町に設置された。お陰で、これまで大公国への旅行や観光の問い合わせなどが、時々我が社内に本部を置く「ルクセンブルグ友の会」FOLCに来ていたが、それが減ったことで、よりビジネスに集中できることになった。

1988年1月26日、大阪ITM発13時のSQ005で、シンガポール・チャンギ空港に18時40分に着くと、29℃と暑い。ここは赤道直下だから、冬はない。その広大なチャンギ空港内で、エアロスペース・ショウが開催され、飛行機はもちろん、航空機器、宇宙関連・開発の技術、電子テクノロジーの展示など、広範囲のデモンストレーションが展開されていた。我が社IELで日本代表をしている、イギリスのジェーンズ出版社がスタンド・ブースを設けている程度で、本職のインフライト関連の展示はなかったようだ。このショーで、香港の仲間ジェレミー・ミラーや、元MPHにいて今は独立しているフー・シュー・サイ君などに会う。その後、MPH・シンガポール航空主催の昼食会が、ロイヤル・ホリデイ・インのメイサンレストラン（四川料理）であり、招待されて出席する。MPH出版社、パトリック・アン夫妻、ガルシア夫妻（フィリピン）、ジェレミー・ミラー（香港）、ポーリン・チア、ラベンダー・タン（MPH）などと歓談する。パトリックとジェレミーは「ヒロと組んでアジアでのインフライト・ネットワークを3人でやろう」と提案してきたが、ぼくは今ヨーロッパで精一杯だし、ヨーロッパの連中と一緒に計画中のアジアでの提案も現在進行中なので、断る。28日は、フー・

シュー・サイのオフィスを訪問する。アドメディア（媒体代表）を設立している。彼はまだ32歳、前途洋々だ。

香港への帰り便は、バンコックの新空港にトランジットした。これまでのドンマン空港より大きくて立派な空港だ。香港ではいつものようにCMLのリナとモヒンダーに会い、パシフィック・クラブのバーで、シャブリ特級を一本空けて歓談した。2月2日、CX便で東京NRTに帰る。あまり成果のなかったアジア出張だった。

この年1月、香港にダイアモンド・トレンド有限会社を設立した。この会社は、ヨーロッパの機内誌関係者と共同して、アジアでの機内誌ビジネスを企画し展開しようと、設立されたものである。本社は香港に置く。社長はヒロ・サカガミ（日本）。取締役にギー・ビンスフェルド（LUX）、マインダート・スラグター（オランダ）、ボブ・フォレスター（UK）、中村拡司（日本）が就任している。持株比率はヨーロッパ60パーセント、日本40パーセント。今後の活躍が期待される。

3月12日、東京NRT発19時、CP004で、バンクーバーに同日朝10時20分着。ここでは海外広告、インフライトの業務はない。

ヨーロッパでは、BA機内誌「ハイライフ」の担当、広告部長が交代したため、初会見を兼ねて、バンクーバー（ＹＶＲ）よりロンドンへ飛ぶ。再び大西洋横断である。13日、ＹＶＲ初18時25分、ＡＣ８５０はカルガリーを経由してロンドン（ＬＨＲ）に、14日12時45分に到着した。エアカナダ機内の機内誌「アンルート」は英仏二カ国語で編集され、高級で上品な記事が多い。その後、「アンルート」誌もＩＥＬで代表することになったが、広告出稿の機会はあまりなかった。14日に、ロンドンのヘッドウェイ出版社にて新しい担当者、マーチン・ヴァーノン氏とスティーブ・マーフィ氏と会見するが、マーフィ氏の英語が、ウェールズ辺りの方言が入り混じっていて、英語だけれど聞き取れなくて、困った。「トラベルメーター調査」の結果がよかったので、ヨーロッパの機内誌ビジネスは順調に進展している。それはヨーロッパだけでなく、米国や日本からの広告出稿が増加していることに表れている。

いつものように、パリとＬＵＸに行って、20日フランクフルト空港から、キャセイ航空ＣＸ２８８で香港に向かうが、香港は濃霧で空港が見えないとアナウンスがあり、そのまま台湾の高雄空港に着陸した。21日、高雄から香港へ。正午過ぎに啓徳空港に着く。香港では、先に設立した欧州機内誌仲間との日欧合弁会社ダイアモンド・トレンド（ＤＴＬ）の管理・経理の法的代理人を指命しなければならない。香港で日・英語（勿論中国語も）堪能な税理士会社の中からＯＢＳ社のカトリーヌ女史を指名した。彼女は大阪大学に留学の経験がある才媛だ。これでひと安心と、23日、ＪＬ７０２で大阪ＩＴＭに帰る。今日は長男仁志の関学大、長女麻紀子の立命大の卒業式だった。仁志は、一年間アメリカに留学したので、卒業が二人同時になった。就職先は、仁志が三菱商事、麻紀子はヤマハと決まっている。

今年4月、日本航空とNHKが主催して東京青山で始まった「JALシニアーズ・アカデミー」は、50歳以上で、芸術、宗教、歴史、文化に親しむ会（セミナー）だが、その第一期生となる。またその後、このJSAの分科会として1994年から「JALワイン倶楽部ギンザ」が発足したが、ぼくはその第一号会員である。このワインの同窓会は「JALロマネ会」と名乗っている。

4月30日、初めてオセアニア（豪州とNZ）旅行に出る。東京NRT発JL771で、5月1日、朝6時シドニー（SYD）に到着、シドニー・ヒルトンに宿泊する。3日よりここのオペラハウスで第31回IAA（国際広告協会）世界大会が開催されるのだ。香港の友人ジェレミー・ミラーが泊まっている高級ホテル・リージェントで旨いタスマニア・トラウトを食する。オペラハウスで出席登録をして、アーリー・バード・ハーバー・クルーズ船で、シドニー湾を巡るのだ。船中では旧知のジョフレー・スエットマン（英国）や、ヤープ・カスト（オランダ）に会う。ジェレミーも一緒だった。

2日、IAAの開幕は3日だから、深い霧の中メルボルンに向かう（一人だけで）。飛行時間は1

時間だから、日帰りは充分可能だ。コリンズ通り、フランダース・ストリート駅など歩いて回る。落ち着いた綺麗な町、緑も多く、人々は皆んな人生を謳歌しているようだ。世界でぜひ住みたい町のベスト3にいつも入っている町がメルボルンである。AN11で行って、TN402で帰る。SYD着20時30分だった。

3日、待望のIAA世界大会が始まった。大会会長マルコム・シュプリー、IAA世界会長アレクサンドラ・ブロディ、オーストラリア総督などのスピーチは退屈だ。日刊紙「シドニー・モーニング・ヘラルド」がスポンサーの原住民アボリジニ・ダンスは素晴らしかった。その後の本会議での電通・小暮社長の流暢な英語演説には感動した。午後はシドニー・オールド・タウン、ザ・ロックやウォーター・フロントを散策する。シドニーはすばらしい港町である。ここで嗜んだ赤ワイン、バンノックバーン・ピノノワール86は秀逸だった。豪州ワインの品質向上は近年著しい。

4日、会議をさぼって、EXPO88が開催されている北東部のブリスベンに、TN436で飛ぶ（一人だけで）。さわやかな晴天だが、26℃と暑い。ぼくみたいに上着を持っている奴はいない。みんな半パンツ姿だ。川のほとりに色とりどり、カラフルなパビリオンが並んでいる。日本館は大人気で満員の盛況、「鶴屋」で刺身定食を食ったが、待たされたわりにおいしくなかった。ブリスベーンは明るくて陽気で、自由な雰囲気が充満している。こんな所で老後を過ごせるといいな、と思う。シドニーには日帰り、夜の飛行機で帰る。

明日も会議があるが、誰とも約束はないので今日でシドニーともお別れだ。日本人とは誰とも出会わなかった、と思う。もうジェレミーやジョフレーなどもいなくなっている。

それでは、折角だからニュージーランドにも足を延ばしたい。飛行機好きだから仕方がない。SYD発10時35分、TE142で、ウェリントン（WLG）に15時35分着。タスマン海を渡った隣りの島だが、それでも相当離れている（大阪から香港ぐらい）。

ウェリントンは、ニュージーランドの首都で、北島の南端にあり、大きな湾の周りに町並が拡がっている。18℃と涼しい。真っ暗な夜空に金色の星が輝く、夢のような光景に出会う。町はずれのパーク・ロイヤル・ホテルに泊まる。

〝港の見える丘〟にあるこのホテルに居るだけで、ここが地球の南の端にあることを実感させてくれるのだ。朝の陽光がまたすばらしい。大自然がいっぱいのNZにまた来ることを約して、風の強いWLGを後にした。6日、北島のオークランド（AKL）へ飛ぶ。NZ随一の大都会オークランドは港に面した風光明媚な海と船が売りものの住みよい町である。

8日、南半球の旅の終わり、AKL発11時、TE33の直行便で、東京NRT着、19時だった。11時間のインフライト・サービスで出された赤ワイン、南島のセントラル・オタゴ・ピノノワールの味は忘れられない。すばらしいワインだ。その後セントラル・オタゴには数度訪れている。

5月23日、香港から呼び出しがあった。DTL（ダイアモンド・トレンド）の株券発行手続のことだ。大阪ITM発、9時50分、JL701でHKGへ。OBCのカトリーヌに会い協議して解決。翌24日、HKGからOSA・ITM着20時20分。伊丹空港駐車代金は2日間で3800円だった。

9月2日、また香港に行った。大阪ITM発11時、CX503でHKG着13時45分。空港からタクシーで、九龍側のリージェント・ホテルに泊まる。このホテルは新設で、海に突き出て、香港島を見渡す絶好の位置にあり、超一流のホテルである。CED企業の周社長の話で、ハッピーバレー近くのコンドミニアムの一室がお買い得だという。完成は89年3月で、価格は1400万円位。日欧合弁会社DTLのオフィスにどうかなあ、と思うが、仲間に聞いてみないと結論は出ない。帰り便はHKG16時発、CX502の1H座席で、大阪ITM着20時20分だった。

我が社IELの機内誌（インフライト・マガジン）ビジネスは、1971年から始まったのだが、10数年を経て日本で代表する世界各国の機内誌数も40誌を超え、順調に営業実績を積み上げている。日本のメディア・レップの中で、一誌から数誌の機内誌を代表している会社は幾らかあるが、IEL

は断トツのインフライト・マガジン企業となった。ぼくは時折業界では「ミスター・インフライト」などと呼ばれることがあるが、決して悪い気はしない。むしろ誇らしい気持だ。

日常の営業活動や広告出稿のトラフィックは秋山君以下精鋭のスタッフ五、六名で切り盛りしているが、海外の出版社などとの折衝はぼく一人の責任である。だから自然と海外出張回数が多くなるのだ。もちろん、オフィスには既に海外交信用のテレックスは常備されている。

インフライト・マガジンのお得意先・広告主は多岐に亘っているが、時計、カメラ、電機製品などが主となる。セイコー、シチズン、ニコン、ミノルタ、リコー、キヤノン、富士フイルム、ソニー、パナソニック、シャープ、三洋、日立、東芝などが主な広告主で、それぞれ広告代理店を通して、ＩＥＬにオーダーが来る。東京だけでなく大阪の企業も多いので、営業マンの大阪出張も時々ある。広告代理店では、電通（東京・大阪）が圧倒的で、次いで博報堂（東京・大阪）、スタンダード通信社（東京・大阪）、アジア広告社、日経社、旭通信社、マクロコム、などがＩＥＬの主なお得意先である。

９月12日、東京ＮＲＴ発18時のＪＬ０１２で、バンクーバー（ＹＶＲ）10時30分着。ル・メリディアンに泊まる。角谷氏や黒子氏と不動産談義ばかりで機内誌など海外広告の話はここではない。14日、ＹＶＲよりＫＬ６９８、15時45分発で、カナダ大陸、大西洋を横断してアムステルダムへ、15日11時

45分に着く。ＫＬＭの機内サービスは抜群によくなった。おまけに航空会社業界に先駆けて、機内ビデオが導入されている。ニュース番組が終わると、ニッサン自動車のＣＭ、カラービデオが上映されるのだ。これはＩＥＬとスタンダード通信社が協力し、初めてＫＬＭ機内で上映した画期的な広告活動である。機内乗客は、軽快に走り回るニッサンの高級車のビデオを見て、さぞ爽快な気分になったことだろう。機内誌広告とは一味ちがうカラービデオ広告は、今後ますます効果的なマーケティング・ツールになるに違いない。

17日、ＬＵＸに立ち寄って、友人ジョエルとアルザス・ワインの探求に出かけたが、18日、朋友のギーの新しいオフィス（カラー・セパレーション技術を発明してノーベル賞を受章したリップマン博士が住んでいた三階建の建物）に行くと、彼は新しい広告代理店イディーズ＋アクション（資本金200万ルクセンブルグ・フラン）を設立していた。後日、ぼくはその資本金の四分の一を出資した。ギーの一人息子マルク（ぼくの長男と同年）も加わる予定だ。かつて彼が経営していて我がｉｍ（当時）と提携していた広告代理店アンテルピュブリシテ（ｉｐ）は、共同経営者だったレオ・ロイターの奥さんリエット・ロイターが引き継ぎ、今も代理店活動を続けている。なお、ギーのリップマン・ハウスの玄関先には、日本からうまく検疫をかいくぐって、ぼくが持ち込んだ牡丹の苗木数本が毎年見事な大輪の艶花を咲かせている（今、25年経って、大木に成長しているに違いない）。ギーは、このオフィスで、エディションズ・ギー・ビンスフェルド出版社も経営していて、ガイド・ブックなど大型の単行本を出版している。市内の各本屋には、ギーの本のコーナーがあり、好評だ。

ギーとルクセンブルクにて

ぼくと同年のギー・ビンスフェルドとの友情と友好関係は彼が病没する2014年まで44年間ずっと続いた。ぼくがこの半世紀ビジネスの原稿を書こうと決意したのは、ギーの死を知ったからだ。ぼくは殆んど毎年の如く、ギーに会うためにルクセンブルグを訪れていた。その回数は、実に55回を数える（2016年現在）。

ぼくは何故かフランス・プロバン

ス発祥のスポーツ「ペタンク」が好きで、東京立川の昭和記念グランドでの日本選手権大会で認められて日本代表選手になり、この22日から、イタリア・ジェノアでの世界選手権大会（ペタンクのオリンピック）に出場した。結果は、モロッコやドイツに負けて0勝6敗だった。

今回、カナダ・ヨーロッパと回った旅行の帰りは、ジェノアＧＯＡ発、18時45分、ＬＨ１５２１でＦＲＡへ、そしてＦＲＡ、21時30分発、ＪＬ４０８にて東京ＮＲＴ、９月25日、15時55分着。色々あった２週間であった。

10月８日、ＩＥＬの社員旅行で韓国ソウルへ。参加者は、阪上、秋山、中村、ロニス夫妻、湯沢、内山の７名。ヒルトン・ソウルに二泊する。帰りには、ＮＲＴ空港から一人、初めてヘリコプター・シティ・エアリンクに乗り30分、羽田空港（ＨＮＤ）に着いて、国内線ＪＬで大阪に帰った。

11月20日､大阪（ＩＴＭ）11時5分のＣＱ便にて香港（ＨＫＧ）へ14時15分着。リーガル・メリディアンでＣＥＤ企業の周氏と協議。日欧合弁会社ＤＴＬの構想は、欧州機内誌連合のような組織をアジアにも作ろうというものだ。ＪＬ、ＣＸ、ＳＱ、ＴＧなどを結び付ける誰かが必要なのだが、周さんには機内誌の知識が乏しい。ぼくはＣＸキャセイ航空機内誌「ディスカバリー」に縁がない。色々と問題があるが何とか解決策を模索して前進したいと思う。

22日、香港から日本のどの空港にも立ち寄らないで、日本列島を横に見てCX800便は、HKG発11時35分、バンクーバー（YVR）に同日朝6時50分に着く。HKG＝YVRの直行便に乗るのは初めての経験である。角谷氏とは不動産投資の具体化を協議、山口氏とはブルーガイド・カナダ西部版の広告集稿を話し合う。もう10頁ほど広告が集まっているとのこと。大成功だ。山口氏に感謝。24日、YVR14時50分発のJL110、ファースト・クラスへのグレードアップで東京NRT、25日、17時45分に到着した。

11月28日、KLM・HH誌の新マネージャー、ポール・ゾンダーランド氏がオランダから来日した。東京で電通など大手広告代理店や、セイコーなどの顧客（広告主）に案内する。ポールは若くて意欲的だ。「ホランド・ヘラルド」誌のより強い指導者となるに違いない。

1989年1月7日、昭和天皇が崩御され、年号は平成と改められた。55歳の明仁天皇が即位された（その一週間後の13日、ぼくの父熊治が84歳で亡くなった）。ぼくはもう53歳になっている。

初期段階で、あれほど精力を傾注してきた、山水電気の海外広告ビジネスは、日本経済の高度成長、即ちバブル期前に既に衰退の運命にあったのだ。それに代わって我が社IELのビジネスの柱となったのが機内誌で、インフライト・ビジネスもやっと軌道に乗ったようで、IELの業績も安定してきた。ぼくの経営方針は常に少数精鋭主義で、スタッフは10人を超えたことはない。初期段階、山水の海外広告の時代では、特に三島啓三、江草敏夫、その後は、木村里美、秋山和男、ロニス友子、斉藤恵、中村拡司、湯沢寛、米田修（90年入社）の諸君が、本当に皆んなよくやってくれている。

ぼくの場合は、この頃今まで以上に外国に渡航する度合いが多くなったが、その半分ぐらいは海外広告やインフライト・ビジネスに関係のないことがある。例えば、バンクーバーや香港での投資まがいの活動や、ルクセンブルグ友の会、趣味のワイン産地めぐりなどである。これらは本稿ではあまり取り上げていない。

ＢＡ「ハイライフ誌」の新任マネージャー・マーチン・ヴァーノン氏が香港出張の折、是非会いたいとのことで、3月13日、急遽香港へ飛ぶ。大阪（ＩＴＭ）発11時6分、ＣＸ５０３で、14時15分ＨＫＧに着く。ホテルは九龍側のリーガル・メリディアンだ。14日、スターフェリーで香港島に渡り、マンダリン・グリルでマーチンと朝食を共にする。彼の持参した資料から考察して、世界に冠たるブリティッシュ・エアウェイズ（ＢＡ）の世界路線拡張計画が明らかになった。そしてこのＢＡの機内誌「ハイライフ」が、世界の機内誌の中でナンバー・ワンに君臨していて、そのカバー力から海外（国際）広告メディアとしての重要度がますます高まることが期待される。マーチンは、アジア機内誌連合構想にはタッチしていない（BAはボブ・フォレスターが担当）で、彼はBAオンリー主義である。

今月はヨーロッパに出張予定だったので、香港からヨーロッパに向かう。14日の夜、10時40分HKG発のCX289でロンドンに向かう直行便だ。機内サービスは充実している。搭乗すると直ぐにシャンパン（ウェルカム）が出る。パイパー・エドシェイクのほのかな甘味と爽やかさに魅せられる。食事中の白ワインは、ドイツ産シュロス・ヨハニスベルグのリースリング、赤は、豪州産ヤラ・イエリングのピノ・ノワール、これは抜群に旨い。食後はゆっくりと寝て、14時間、15日朝6時にフランクフルトに到着する。快適な空の旅を満喫した。

その後、ロンドンでは、BAのボブ・フォレスターと会うが、どうも元気がない。彼は北部スコットランド出身だが、どうも今の仕事、BA機内誌「ハイライフ」の広告入稿ビジネスには不向きのようである。LUXではギーと、AMSではマイクと会って、香港法人DTLの今後の運営など協議したが、彼らヨーロッパ人には遠いアジア世界のビジネスには、もう一つ力点が入っていないようだ。

この頃、ヨーロッパの帰りにカナダに回る用事が多くなり、また世界一周コースになってしまった。FRA、18日、11時45分発、CP049で、14時25分、バンクーバーに着いた。何故かファースト・クラスにグレード・アップされていたので、カナダ太平洋航空（CP）の機内サービスは当然良かった。ブルゴーニュ産、バタール・モンラッシェ（白ワイン）や、赤のボルドー、シャトー・オーゾンヌは本当に旨いワインだった。食後のチーズに合わせて出された真っ赤なポート（フオンセカ）は非常においしかった。食事の最後、チーズと共にポートを賞味するのが西洋料理の常識である。バンクーバーでは、角谷氏と協議、不動産投資の方もうまく進展しているようで安心である。22日には再びCPで東京NRTに帰る。空港タクシーは、赤坂RHまで1万8000円だった。

6月23日は、毎年恒例のルクセンブルグ・ナショナル・デイの昼食パーティがルクセンブルグ大使公邸で催されて招待される。ヴォルツフェルド大使をはじめ、南村駐LUX大使夫妻、バッケス夫妻、アーベッド鉄鋼会社の矢野氏などと会食する。

9月18日、日本代表をしているスペイン・イベリア航空・機内誌「ロンダ・イベリア」との協議でマドリッドへ、東京NRT、18時発、IB894で翌朝6時30分マドリッドに着く。イベリア航空も健在で、中南米路線に強味があって、日本の広告主の関心も高い。既に数社の広告を掲載している。ひまができたので有名なプラド美術館に行ったら、階段で電通本社の小暮元社長と石川周三元海外業務局長とばったり出会う。偶然だが、めったにあるわけではない。この近くで第25回ペタンク世界大会があるのだが、日本チームの応援に行く暇はなさそうである。

IN-FLIGHT
MAGAZINES
インターマートEAC株式会社
INTERMART/E.A.C., INC.
1-7, AKASAKA 9-CHOME,
MINATO-KU, TOKYO 107
TEL. (03) 5474-7835
FAX. (03) 5474-7837

IELのロゴマーク

また帰り便でバンクーバーに回る。ロンドン（ＬＨＲ）14時45分発、ＢＡ０８５で、16時10分、ＹＶＲ着。バンクーバーで新しく入手したアパート、「ペンドレル」に泊まって、25日には大阪に帰った。

10月5日、ルクセンブルグ駐日大使、ヴォルツフェルド氏から夕食の招待があり、ワイフと二人、東京麹町の大使公邸でご馳走になって、三人で食事を楽しんだ。ヴォルツフェルド大使は独身である。

11月2日は、ＩＥＬ社員一同とグァムに慰安旅行へ。ＮＲＴ9時30分発、米国コンチネンタル航空ＣＯ９６２で、15時10分着。ヒルトンに泊まって2日間色んなホテルのプールで泳ぎまくった。5日の帰り、コンチネンタル航空は成田に向かうが濃霧で降りられなくて名古屋に着いた。

この頃は、日本経済は進展し、竹下内閣のもとに消費税3％がスタートした。ヨーロッパではベルリンの壁が崩壊し東西冷戦も終了した。

(6) 欧州インフライト・マーケティング・ビューロー（IMB）設立

1990年、相変わらず世界を飛び回った年である。

1月10日の電通年賀会では、電通の石川正信局長、安立部長、ニューズウィークの蔡さん、JAC小林、メディア・セールス森、フォーチュン木梨、シナノ田中各氏など業界仲間と騒ぐ。

1月にバンクーバー（YVR）へ、2月にはオーストラリアのブリスベーン（BNE）、アデレード（ADL）、シドニー（SYD）へ視察旅行。

3月には、パリからヨーロッパのインフライト・ビジネスの大立者ミッシェル・デボス（AFリジー・クルブ）が訪日し、赤坂RHで協議する。彼の希望は「日本で、インターマート（IEL）と、リジー・クルブ（RCI）が合弁で法人を設立してアジアでの広告活動を一緒にやろう」というものだが「目下、他のECの仲間とDTL（香港法人）を結成している関係上、ミッシェルの案は受け入れられない」と断り、両社の友好関係は継続することを確認した。

3月には、そのRCI主催のAF・セールス・ミーティングがあり、パリに飛ぶ。21日東京NRT12時発、JL405で、パリCDGに16時40分に着いた。直ちにメリディアン・ホテル・エトワールに泊まる。22日、リジー・クルブにて、エールフランス（AF）セールス・ミーティングがあり、フランス側の、ミッシェル・デボス、マリー・フランソワ・ビジェール、シルビア・クルツ、ナタリー・アヴァレと対峙する。日本人はいつもぼく一人である。仏・英語で編集されている機内誌「エールフランス・マガジン」の編集・印刷・製本技術は数年前より格段に進歩している。会議の最後に、今年11月にパリからエールフランス（AF）関係者二、三名が来日し、東京三日、大阪は二日ほど、AFのスライド・プレゼンテーションを実施することが決まった。これで我が社が代表する四大インフライト・マガジン（BA・LH・AF・KLM）が確立したことになる。

27日、ロンドン（LHR）発、BA085で、シアトル経由、バンクーバー（YVR）へ回る。そして30日、YVR14時40分発、JL110で、31日、東京NRT17時45分着。雨の成田空港にタクシーはなし。白タクで帰る。赤坂RHまで2万2000円支払った。

5月7日、初めて西オーストラリアに行った。東京NRT11時55分発、カンタス航空QF70、新鋭旅客機B767（2＋3＋2、横に7席の高性能機）で、21時05分、西豪のパースに着く。10時間の快適フライトで南国の楽園に来た。パーク・ロイヤル・ホテルに泊まる。ここで海外広告ビジネスはない。まさに視察旅行だ。パース・シドニー・ケアンズと飛び、最後はケアンズ12時50分、ＱＦ６９で、東京ＮＲＴ19時着で帰国。この地域でのインフライト関係では、目下カンタス航空とニュージーランド航空の機内誌獲得方法を熟慮している。

今年5月、大阪で海外広告の腕を磨いてきた米田君をスカウトして、東京での営業セールスを担当してもらうことになった。強力な助っ人になると期待している。

パースにて

6月4日、東京ＮＲＴ21時30分発、ＫＬ８６８、ＡＮＣ経由でＡＭＳに5日、朝7時着。ホリデイ・イン・クラウン・プラザに宿泊する。このホテル会議室で、ＫＬＭ機内誌「ホランド・ヘラルド」のセールス・ミーティングが二日間に亘って開催された。主催者は、「スミーツ」から名称変更した、「マルチ・メディア・インターナショナル（ＭＭＩ）」で、編集長ケン・ウィルキー以下、広告部長ジョッピー・ヴァイジング、エディ・ボウエンシュなど、レップでは、米国のディビッド・バニスター、スイスのマルセル・ウェンリなどが出席している。前任者でぼくと仲の良かったマインダート・スラグターは、親会社スミーツ印刷会社の要職に栄転したので、後任には間もなくマルカス・ボス氏が就任することになっている。二日目の会議では、ぼくはあまりうまくない英語のスピーチを披露したが、可もなし不可もなしだったようだ。とに角このようなミーティングは楽しい。昼食やディナーが特によい。バルビゾン・パレス・ホテルの「フェルメール」レストランでの夕食パーティは豪勢だった。ボルドーの赤ワインなど出る酒がどんどん空けられて、夜遅くまで騒いだのだ（セールス・ミーティングは、結局、国際的な親睦会のようなものである）。

三日目、オランダ南部、ベルギーとドイツの国境に近いマーストリヒトに行く。マース川の流れが旅情を誘うクラシックな町で、歴史的遺産が数多くある。夕方にはアムスに戻り、バルビゾン・センター・ホテルで、エディと一緒に、栄転するマインダート（マイク）の送別会を行った。このディナーは12時まで続いた。マイクが居なくなると、欧州機内誌連合会も少し淋しくなる。

8日、アムスより11時5分発のＫＬ６９３で、また再びバンクーバーへ。ＹＶＲ13時45分着。ここに二泊して10日、ＹＶＲ14時45分発、ＪＬ０１５で、東京ＮＲＴへ、11日、16時35分に着く。ＮＲＴの国際線ターミナル出発ロビーで、電通大阪の元部長、早津氏とばったり。「数年前、マイアミ空港内でも会ったね」と早津氏。二度目の偶然であった。

7月には、JALシニアーズ・アカデミー受講者の有志の会「第一回知恵の会」を赤坂「ル・シャレー」で開催した。ぼくが主催したが十二名が集まった。その後この会は「一木会」となり、年に六回程度開かれていて長く続いている。会員はお互い高齢になり、次々と欠けていくのは残念だが、2016年現在でも年に二、三回は東京銀座辺りで開催している。男性は今やぼく一人だけ、全員八十歳を超えたおしゃれで知的なおばあさんばかりだ。参加者は多くても四、五名である。

11月、ルクセンブルグで4年に一度の世界料理コンクール「EXPOGAST '90」に日本チームの応援に行った帰り、久し振りにブリュッセルを訪問、IELで代表しているベルギー航空サベナの機内誌「スフェアー」の広告部長ビー女史と一緒に、三ツ星レストラン「コムシェソワ」で最高級の料理とワインを楽しんだ。EXPOGASTといえば、82年度には、日本チームが優勝している。西村修一団長(当時、大阪コクサイ・ホテル料理長)以下、関西の一流シェフが出場したが、ぼくはLUXの友人達と連日応援に行っていた。その後、関西のシェフ達とは長い交流が続いていて、ルクセンブルグ友の会の例会などに多数出席して頂いている。

12月5日、バンクーバーのぼくのコンドミニアムの一室に大きな荷物は置いて出かける。YVR発

10時、AC116でトロントへ17時17分着、乗り換えてトロント発、19時25分、AC914で、マイアミ着、22時30分。四度目のマイアミ空港には、夜の10時半だというのに「アボード」誌のホルへ・ロドリゲス氏（69歳）がお出迎えだ。本当にありがたい。宿舎のコーラル・ゲイブルス・ホリデイ・インまで案内してくれた。夜は少し冷える。マイアミでは主たる言語は英語でなくスペイン語である。ホルへはキューバ生まれだ。

6日、「アボード」誌発行元、ノース・サウス・ネット社に出向く。ディアナ社長、ジンジャー、ホルへ、ドラ、ヨランダなど主にキューバ出身の社員と協議、現在ローカル出稿中の東芝やシチズンの広告を日本からに切り替える可能性がある。「アボード」誌は、現在中米の10の航空会社機内にて配布されているが、中でもラン・チリー、エア・パラグアイ、ヴィアサ（ベネズエラ）など主要航空会社の機内誌は重要な広告メディアである。

コロンビア航空アヴィアンカは独立した大きなエア・ラインだが、その機内誌発行元カリファハール社のマイアミ・オフィスに行って若手営業マン、デヴッド・アッシュ（コロンビア人）に会う。「アヴィアンカ・インフライト・ノート」誌には、常時二、三の広告を日本から出稿していて、この会社との取引は長く続いている。デヴッドの車でマイアミを隅々まで走り回った。マイアミ・ビーチ、コーラル・ゲイブルス、ココナッツ・グローブ、ミラクル・マイルなどだ。ビールを飲みながらのドライブだから、眠くて困った。ここマイアミは米国人憧れの楽園だが、何度来ても楽しい所である。夜のTVで見た、米フットボール陸軍vs.海軍の100周年記念対抗戦はアーミー30・20ネイビーだった。

9日、マイアミ発9時10分、AC911でトロントへ12時8分着。大きな空港トロント（YYZ）13時20分発、AC914でバンクーバー（YVR）着15時20分着。角谷氏と巨泉の「OKショップ」やカラオケ「東京ラウンジ」などに行ったが、11日、YVR15時35分発、JL110で東京へ。NRT着12日、17時40分。JL便ではファースト・クラスだったのでシャブリ・グランクリュとかシャトー・マルゴーなどいいワインを賞味させてもらった。しかし、食後のチーズで、赤いポートが出ないのがJALの不思議なところである。

1990年、この年東西ドイツが統合され、また日本経済のバブル崩壊があったし、1991年にはソ連がなくなったのだ。ゴルフの会員権相場が、バブル期には200万円が1千万円まで値上がりしたり、不動産相場では、我がRHの部屋一つ、5坪の小室が3000万円以上もしたのが、また急激に値下がりし始めている。

1991年は、インフライト・ビジネスにとって画期的な年となった。インフライト・マーケティング・ビューロー（IMB）すなわち欧州機内誌連合会が正式に発足したのである。本部はパリのR

CI内に置く。

IMB会長に、ポール・ゾンダーランド（KLM・マルチ・メディア）、会計にミッシェル・デボス（AF・リジークルブ）、副会長に、ベルント・ヴァイダーマン（LHデザイン・センター）、企画部長はマルカス・ボス（KLM・マルチ・メディア）が就任した。メンバーは航空会社、BA（イギリス）、AF（フランス）、LH（ドイツ）、KLM（オランダ）、SAS（北欧3ケ国）、IB（スペイン）、AZ（イタリア）、SABENA（ベルギー）、UTA（フランス）、FINNAIR（フィンランド）、Tap（ポルトガル）、ICELAND（アイスランド）、AIR LINGUS（アイルランド）の機内誌と、そのレップ、IMI（米）、RCI（仏）、それに我が社（IEL）、IMM（スイス）、サンブロッタ（伊）、エゴン・ネーバー（独）などからなっている。これまで海外広告・国際広告業界で過小評価されていた機内誌の実力を大いに示すことがこの会の目的であり、総合的な読者調査や共同キャンペーンが企画されている。


そのIMB第1回総会が、4月4日から始まったのでアムステルダムに赴く。前日、東京NRTから、JL405でパリCDGへ。乗り換えて夕方AMSにKL332で着いて、中央駅前の高級ホテル、バルビゾン・パレスにチェックインする。

IMB総会は、このホテルのカンファレンス・ルームに40人以上のメンバーが集合して始まった。

NETWORK

Issue no. 1

An IMB Publication

Research *is* development

ADDING WEIGHT to the knowledge that relevant data is essential for inflight media, Régie Club International has become an Associate Sponsor of Pan European Survey 5.

This involvement by RCI will finally firmly establish a fully comparable media model for inflights against other titles, and will thus represent the single most important means of positioning inflights across the broader spectrum of advertising categories served by existing 'international' media.

RCI had previously bought PES4 in January 1990 and the results, both on an individual and global level, were most encouraging. For example, *Bordbuch*, Lufthansa's inflight magazine was found to have as many executive and professional readers as *Newsweek*. And altogether, the 11 European inflight magazines which were in the survey, namely *Bordbuch*, *Holland Herald* (KLM), *HighLife* (BA), *Atlas* (Air France), *Swissair Gazette*, *Scanorama* (SAS), *Ulysse 2000* (Alitalia), *Rondo Iberia*, *Blue Wings* (Finnair), *Cara* (Aer Lingus) and *Sphere* (Sabena), were found to have more executive and

Continued. page 3, col. 1

Inflight media business unites

THE INFLIGHT Marketing Bureau held its first annual conference on April 4 and 5 this year. Thirty-eight representatives of inflight media from Europe, Japan and the US, came together at the Barbizon Palace Hotel in Amsterdam to discuss the hard facts: the need to improve the reputation, image and research information of those once maligned media-types: inflight magazines and video programmes.

Established in 1990 following the initiative of Michel Devos, General Manager of Régie Club International and with Paul Zonderland of Multi Media International as President, the core aim of the Bureau was, and still is, to improve the image and professionalism of the inflight media industry. Although it was known that the general image of the media-type among buyers and planners is often undervalued, those in the industry knew that they themselves were the only ones able to change this situation.

The image of the media-type is often undervalued

It was also recognised that the producers of inflight media need to improve their own professionalism and that there should also be a consensus within the industry to facilite joint marketing, research and promotion campaigns.

Publishers and screen managers, airline and advertising sales representatives and journalists were all present at this inaugural event and a clear picture of the necessary

Continued. page 3, col. 3

The way ahead

WORDS OF WISDOM and a certain self-criticism are one thing, getting into action is another. The inflight media industry has long been aware of its shortcomings. Now it plans to present a united front.

The establishment of the IMB and the highly productive Amsterdam conference show that, with initiative and enthusiasm channeled in the right direction, tangible results can be achieved.

Participants were presented with a detailed analysis of the situations which face inflight media both currently and in the future; and the practical steps which need to be taken. The results of this research were detailed and extensive.

An in-depth look at the future of international advertising budgets post-1992 showed IMB members that as the going gets tougher, the IMB must get going. It was obvious that if the inflight media industry fails to recognise the changing

Continued. page 4, col. 1

NETWORK誌に報じられたIMBの発足

競争相手が集まって、一堂に会することに意義があるのだ。役員以外で旧知の仲間には、イギリスのクレイグ・ウォーラー（BA）、フランスのジョセフ・ポレ（AF）などがいたが、アメリカのデヴッド・バニスター、イギリスのリザ・ウォン（SPAFAX）、スペインのフェルナンデス（ＩＢ）などと知り合う。

夕食会は席を改め、シップ・シャンドラー・ウェアハウスに40人が参加、サベナ機内誌「スフェアー」のビーさんが幹事となって進行したが、ワイン選びとなると、突然、フランスのミッシェルが「ワイン選びはヒロにまかせろ、彼はワインのエキスパートだ」と叫んだので、ぼくを知らない他の連中は唖然としていたが、ソムリエと相談して本当にいいワインを選んでやった。白ワインは、ドイツ・ヴュルツブルグのユリウス・シュピタール（リースリング辛口）、赤ワインはフランス産ボルドーのシャトー・パルメ75年産で有意義で愉快な夕食会となったのである。

6日、米国カリフォルニアに本部があり、ＩＭＢのメンバーでもあるＷＡＥＡ（ワールド・エアライン・エンターテイメント・アソシエイション）の会合があった。これは機内誌のみならず、機内映画や機内サービスの分野も含む大規模な団体で、世界の有力エアラインとその関連会社が加盟している。かなり派手で、楽しい会合である。

7日、フランクフルトから、バンクーバーに向かうＬＨ機内で、スイス・ザンクト・ガレン在住で著名なオペラ歌手西田宏子さんと知り合い、バンクーバー公演の後、ぼくは東京での「マダム・バタフライ」（蝶々夫人）公演の折、渋谷・東急文化村の劇場へ花束を持参したのだ。

11月、ロンドンに行く。ＢＡ「ハイライフ」誌の発行元、ヘッドウェイ出版社で、担当のクレイグ・ウォーラとクリス・ディケンズと会議中、突然社内に緊急ニュースが入った。「我が社の親会社の有名人オーナー、ロバート・マックスウェル氏が、今しがた海の事故で死亡したもよう」

この情報が流れて社内は騒然、これでは会議にもならず、早々に退散する。

ＢＡ「ハイライフ」誌は、来年、創刊20周年を迎えることになる。ぼくは創刊号より日本代表だが、よくここまで順調に成長してきたものだと感慨にふける。この「ハイライフ」誌は、米国のパン・アメリカン航空なき後、数ある機内誌の中で世界ナンバーワンの地位を占めている。それがぼくの励みであり誇りでもある。

ようやく機内誌ビジネスが軌道に乗ったようで、「インターマートの１９９１年6月期の申告所得が４０００万円を超えた」との報告が帝国データバンクよりあった。この頃の社名は「(株) インターマート欧亜通信社」だ（intermart/Euro−Asia Communications. inc 略して intermart/E. A. C., inc)。

フランスのパリから英国のロンドンに行く場合、普通は飛行機で飛ぶのだが、ユーロトンネルができてからは、パリ（またはブリュッセル）から列車でドーバー海峡の海の下を通行する「ユーロスター」特急列車で行くことができるようになった。

パリの（ガール・ドュ・ノール）北駅には、二階建のユーロスター専用のターミナルがあり「国際旅客専用」となっていて、パスポートコントロールもある。車中では航空機並のワインと食事のサービスがある。

終着駅ロンドン・ウォータールー駅は、まるで国際空港ターミナルのようである（現在はロンドン北部までユーロスターは乗り入れている）。

1992年11月、またロンドンに来た時、ヘッドウェイからプレミア・マガジン社に社名変更したBA「ハイライフ」誌の出版会社は、メイフェア地区の中心広場バークレー・スクエアーにあった。この辺りは広告代理店が数多くある地区として有名である。HL誌のクレイグ・ウォーラーやクリス・ディケンズは「先ほど発表された、ヨーロッパで著名なパン・ヨーロッパ調査PES・5で（PAN EUROPEAN SURVEY 5 図表参照）明らかになったように、インフライト・マガジンは国際広告メディアとして確立された地位にある」と、断言していた。事実、図表にあるように、ヨーロッパの経営者層への影響力はインフライト・メディアが抜群である。インフライト・ビジネスも、30年経ってやっとここまで成長し確立して来たのである。

しかし、問題がないわけではない。近年、ゼニスとかカラットと呼ぶ「メディア・バイヤー」が出現して、大資本をバックに広告メディアのスペース（頁）を大量にかつ安く買い取って、それを割安で広告主に売る、という動きがある。メディア（出版社）側は経営が安定して有利となるが、われわれ広告業者には痛手となる。特にメディア・レップの存在は薄くなるのだ。これまでの広告主＝広告代理店＝メディア・レップ＝出版社と流れるコミッション・システムが崩壊する危険性がある。つまりメディア・バイヤー（メディア商人）が、広告主又は広告代理店と媒体社・出版社を直結してしまう恐れがある。これは我々業者の死活問題である。

話は変わって、ぼくが海外広告の仕事に入って、初めて海外拠点を

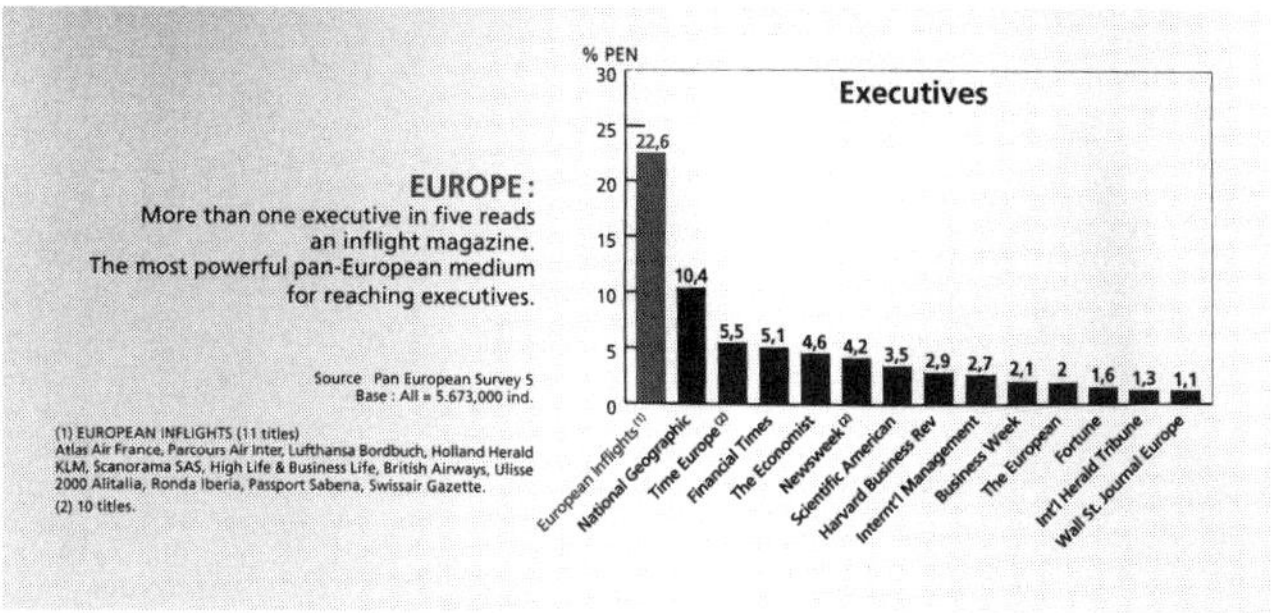

PES 5

レックス・ロート首相代理から勲章を授与された

設けたのがルクセンブルグ大公国だった。1968年（24年前）のことである。この大公国に惚れこんだぼくは色々と民間友好の働きがけを、無償で行ってきたのだが、その「ルクセンブルグ友の会」（FOLC）を率いてきたぼくに、ルクセンブルグ大公国のジャン大公殿下から「シュヴァリエ十字勲章」が授与されたのだ。11月18日、親友ギー・ビンスフェルドのオフィスで、10数人のLUXの友人達が集まっていた中で、ジャック・サンテール首相からの賞状とともに十字勲章が、政府高官レックス・ロート氏から授与された。誠に面はゆい出来事であった。翌日のLUXの各新聞、「ルクセンブルガー・ヴォルト」などには写真入りでぼくの記事が出ていた。

19日、ＬＵＸからＬＧ４０１で、ＬＨＲへ、ロンドン発13時55分、ＢＡ０８５で大西洋を再び越えてバンクーバー国際空港（ＹＶＲ）に15時35分に着く。友人角谷氏が支配人をしているパークヒル・ホテルに宿泊する。角さんはこのホテル内に売店「ハイム」や日本食レストラン「太鼓」を経営して大成功している。

21日、バンクーバー在住のぼくの仲間、マイク角谷、山口喜久馬、李さんらと、たまたま社員旅行でここに来ていたわが社ＩＥＬの秋山、中村、米田、宮崎、黒木、松下顧問らが、レストラン「ＫＯＪＩ」に集合して、ぼくの勲章受賞を祝福してくれた。勿論、コージの経営者広田シェフ、高橋マネージャーも同席していた。誠に嬉しい出来事であったし、うまい具合いにここで祝賞会ができたのである。

１９９３年3月31日、ロンドン・ヒースロー空港内オフィス棟の会議室で、ＢＡ「ハイライフ」誌セールス・ミーティングがあり、アメリカのレップ、デヴッド・バニスター氏（どちらもピカディリーのル・メリディアンに泊まっていたので）と一緒に電車でヒースローに出かける。

プレミア・マガジン社のクレイグとクリスがスライド映写のプレゼンテーションを行い、日本人には、「ブリティシュ・エアウェイズ」の発音が難しいことをビデオを通じて何度も説明していた。「ヒロの発音を聞きたい」と、いうのでぼくが発声すると、出席者全員が「やっぱり難しそうだ」という。

オランダのヴェッシング夫妻と

その通りである。英国航空時代はよかったと思う。

夕刻から、高級ホテル、サボイ（宴会の客はテームズ川沿いのリバー・エントランスから入る）で、「ハイライフ」誌・創刊20周年記念パーティが始まった。男性は全員タキシード着用で、２５０人の参加者で賑わった。編集長ビル・デービス、副編集長サンドラ・ハリス、ＢＡからの来賓は、ロード・キング、コーリン・マーシャル氏など多数。ＩＭＢ仲間では、ミッシェル・デボス、キャロライン女史、マルカス・ボスなど。オランダの銀行幹部エド・Ｎ・ヴェッシング氏夫妻と同席した。ここでも日本人はわれわれ夫婦以外に一人も見かけなかった。優美なシャンパンと豪華な夕食で、夜が更けた。

５月４日、東京ＮＲＴ11時50分発、ＫＬ８６２直行

左より　レナーテ女史（LH）、マルカス・ボス（KL）、キャロライン女史（BA）、ミッシェル・デボス（AF）の各氏

便でＡＭＳ着、16時45分。バルビゾン・パレス・ホテルに泊まる。３月末、ロンドンでのＢＡ機内誌「ハイライフ」創刊20周年記念パーティで同席したエドワード・ヴェッシング氏の招待で、ＡＢＮアムロ銀行の役員応接室で、ワイン付ランチをご馳走になった。その後、銀行内の為替ディーリング・ルーム（物凄く広くて大きい）など見学させてもらって、非常に参考になった。

５日から、ぼくの宿泊先、パレス・ホテルのパーティ・ルームでＫＬＭマルチ・メディア・インターナショナル・セールス・ミーティングが始まった。ここではＫＬＭ「ホランド・ヘラルド」誌の広告入稿やその他の問題が討議される。主催者は、マルカス・ボスを中心に編集長ケン・ウィルキー、広告部長ジョッピー・バイジイングなど、参加者は、アメリカのレップ、ビル・コーツ（元イースト・ウエスト・ネットワーク）、シルビア・クルツ（AF・RCI）やドイツ・イタリア・イギリスのレップ達で、日本からはいつもヒロ一人である。午後遅くからカナル・ボートに乗りアムス観光だ。サマセボー、カジノ、リド・カフェなど皆んな一緒に散策する。マイクやエディが去っていなくなっていて寂しい。6日、二日目のミーティングで、HH誌の広告入稿数でトップ・クラスにある日本は注目されているが、ぼくは英語で少しスピーチをした。別れぎわにビル・コーツとは、来年アメリカで是非会おうと約束した。

ヨーロッパから、またバンクーバーに回ったが、11日、YVR発14時、CP003で、12日、東京NRTへ、15時45分着。

11月18日、ワイン仲間でブルゴーニュに出かけたが、これがぼくの海外渡航100回目の記念となった。その途中、パリとロンドンに立ち寄り、23日のパリではRCI（AF）のオフィスで、ミッシェル・デボス、マリ・フランソワ・ヴィジエールなどに会い、来年早々、東京・大阪で日本の広告代理店対象にIMBプレゼンテーションを行うことを決めた。これは是非やりたいことだから、ぼく自身が中心となって企画しようと思う。24日はロンドンで、プレミア出版社のクレイグとクリスに会い、同じくIMBプレゼンテーションを2月に日本で実施することを決定した。クレイグによれば、イギリスの大手機内ビデオ会社、スパファックスが、機内誌にも手を出し、米国とアジア全域で代表権を獲得しようと狙っている、という。相手は大物だから要注意である。

バブル崩壊があって日本経済も低滞気味になりつつある。政治では宮沢首相が辞任、細川連立内閣が成立し、自民の五十五年体制は崩壊してしまった。

1994年2月、IMB（インフライト・マーケティング・ビューロー）欧州機内誌連合会のミッシェル・デボス（AF）、マルカス・ボス（KLM）、クリストファ・マイヤー（BA）の三氏が来日し、東京・帝国ホテルの会議室に、22日、電通、マクロコム、博報堂各代理店の国際広告担当者を招待し、23日には、アサツーDK、スタンダード通信社、K&L各代理店のアドマンを対象に、IMBプレゼンテーションを実施した。大阪では、24日、大阪電通会議室にて実施、総てカラースライド映写で説明を行った。この三日間、阪上と米田がアテンドした。ヨーロッパの機内誌の広告メディアとしての地位が、他の国際誌、「タイム」、「ニューズウィーク」、「ザ・エコノミスト」、「フィナンシャル・タイムズ」「ビジネス・ウィーク」、「ナショナル・ジオグラフィック」、「ウォールストリート・ジャーナル」、「フォーチュン」、「インターナショナル・ヘラルド・トリビューン」等と比較して、決して負けない国際広告メディアであることを理解してもらえたと自負している。

9月4日、待ちに待った関西国際空港（KIX）が開場した。これからは、自宅の宝塚から外国へ便利に渡航できることになる。

9月12日、東京からBAで着いたロンドンで、12日、初めてスパファックスのオフィスを訪問した。映像ビデオ専門のプロダクション会社だが、近年機内ビデオの有力代理業になっている。スパファックスでは、マーク・ロウ、ポール・ウィリー両氏と意見交換を行った。来年2月にはシンガポール航空の機内でインターラクティブIFTVを実施する、という。機内広告もインフライト・マガジンとインフライト・ビデオ併用の時代に入るようだ。

14日には、アムスに飛び、KLM・HH誌には長年お世話になったエディはいなくて（昨年亡くなったのだ）、ジョッピー・バイジングとジャン・クロード・ボワセットと会う。いささか寂しい会談だった。翌日、エディと住まいが同じ住宅街にあり、エディの長年の親友だったテラ・エンゲルさんと、バルビゾン・センター・ホテルで会う。悲しいひと時であった。エディとテラの二人は、昨年、宝塚に来て、「ルクセンブルグ友の会」の多くの会員達と、我が家の座敷で会食・歓談している。ぼくの姉のような存在だったエディがこんなに早くこの世からいなくなるなどとは、思いもよらないことであった。

左より　FOLC会員・山形さん、テラさん、エディさん

12月、MPHとの関係が少々ぎくしゃくしているが、シンガポールに行く。我がお得意先アイワがシンガポール航空（SIA）インフライトTV（機内ビデオ広告）を東南アジアで実施し始めたので、その視察と検証を依頼されていたのだ。普通なら、エヴィデンスとして、航空会社からのビデオ上映証明書が送られてくるので間違いはないのだけれど、やっぱり一度は実際に見てみないと信用できない性分なので、実際にその路線に搭乗して見に行ったのだ。お金もかかるしご苦労なことである。12月9日、SIN13時30分発、SQ66は、14時45分BKK（バンコック）に着く。短いフライトで、CNNニューズの後5社CMが流されていた。シチズン、ソニー、

キヤノン、アイワ、ＩＴＴシェラトンの順である。ばっちり写真に納めてきた。これで今回の用事は終了である。シンガポールに戻ると、新築の高級ホテル、フォアシーズンズに泊まって、また、新装なった伝統的ホテル、ラッフルズに入り、ライターズ・バーでシンガポール・スリングを賞味する。特別旨いものでもない。やっぱりこのバー辺りでは、スカッチ・ウォーターだ。

シンガポールでは、ＭＰＨのパトリック・アン「裏切り者」を呼び出して、とっちめてやったが、結局は、長年親しんで提携関係にあったＭＰＨ出版社はわが社社員の不祥事にてぼくの手から離れてしまったのだ。社長であるぼくの不徳の致すところである。その後のＳＩＡ機内誌の日本代表は他の大手レップに移行してしまった。

今年10月26日、我が社の正式名称が、「(株) インターマート欧亜通信社」から、「インターマート株式会社」へ変更になった。元に戻ったのである。

1995年1月17日、早朝、阪神淡路大震災が起きた。ぼくは宝塚の自宅で寝ていたが、奥の古い土蔵の土壁が「どうー」と、大音響とともに崩れたとき「飛行機が落ちた！」と叫んだようだ。多分、機内で飲んでいる夢でも見ていたのであろう。お蔭で、二日後に乗る予定のＣＰ便ＹＶＲ行きはキャンセルすることになった。

やっと何とか落ち着いたので、４月５日、新開港した関西国際空港から出発する。ＫＩＸ、11時35分発、ＫＬ８６８の直行便で、ＡＭＳに16時45分に着く。すぐスキポール空港から電車で、デン・ハーグ駅へ。駅前には沢山自転車が並んで置いてある。オランダは自転車王国である。駅からタクシーで、スフェベーニンゲンのクールハウス・ホテルへ行く。大きくて、北海に臨む立派なリゾート・ホテルだ。ここで明日から二日間、ＫＬＭ「ホランド・ヘラルド」誌セールス・ミーティングが始まるのだ。北海は荒れている。まだ寒いオランダである。

デン・ハーグには国会議事堂があり、オランダの政治の中心地だ。またフェルメールの絵画で著名なマウリッツハウス美術館などがあり何度訪れても飽きがこない。ぼくの大好きな町の一つである。

４月６日、王宮のようなクアハウス内のホールで、ＨＨ誌セールス・ミーティングが恒例のように開会した。主催者は、人格者のマルカス・ボスとジョッピー・バイジングの二人で、ＨＨ誌編集長で長年の友人ケン・ウィルキーも控えている。各国レップでは、米国代表のデヴィド・バニスター、フランス代表、ヘレン・ケネディ女史、スイス代表マルセル・ウェンリ、日本代表ヒロ・サカガミ、それに新しくイギリス代表となったスパファックスから数人が参加している。合計16人。

航空業界の新動向、ＩＭＢ設立後の機内誌の評価、各国別のセールス活動など協議する。

夕方には久し振りでボウリング競技をした。一回目は99点、二回目は１３５点だった。港に面したレストラン「ドュクダルフ」での夕食会は、今回はなぜか女性が多く華やかで賑やかだったが、早口で、フランス語交じりの会話には、残念ながらついてゆけない。

二日目、各国のセールス状況等の報告とディベートがあり、ぼくも下手な英語のスピーチで日本の事情を発表した。KLMホランド・ヘラルド誌の広告収入は順調に増加しているし、日本からの売上げも伸びている。結構なことである。

KLMのセールス・ミーティングの折のフリーチケットは、いつもぼくの希望で、ルクセンブルグ往復が含まれていて、必ずLUXには立ち寄っている。その上、帰り便KLMは、今回もカナダ西海岸、バンクーバー回りとなっている。だからぼくが実際に支払うチケット代は、バンクーバー（YVR）と東京（NRT）間のみである。この太平洋路線にKLMは飛んでいない。

バンクーバーでは、バラード通りにあり、イングリッシュ・ベイを見渡たせるコンドミニアム「ジ・エリントン」の17階に泊まる。

そのバンクーバーからの帰り便、JL015、YVR発15時15分、東京NRT着、翌日16時55分、では、大阪の先輩、T氏夫妻と同じ一等客だった。加えて、パーサーが、ぼくのワイン・クラブ（JALワイン倶楽部ギンザ）初期の先生、福田由里さんだった。おかげでシャブリ・グラン・クリュ「レ・

クロ」を一本飲ませてもらった。そしてまた痛風に悩まされている。

その後10月、再びバンクーバーに来た折、定宿パークヒル・ホテル（親友角谷氏が支配人）のフロントで、同じくＪＡＬワインの先生、ＪＡＬパーサーの森田早苗さんとばったり出会った。

この頃からは、海外広告と関係のない個人的な動向も書いて残したいと思う。まず10月10日、長男仁志と浩子が大阪ロイヤルホテルにて、河原崎長一郎さん・栄子さんの御媒酌で結婚式を挙げた。

１９９６年1月24日、60歳、還暦になった。月日の経つのは早いものだ。

2月29日（四年に一回しかない妹の誕生日）香港に向かう。関空（ＫＩＸ）発10時、ＪＬ７０１で香港（ＨＫＧ）着13時05分。香港島のリッツ・カールトン、スウィート１２０１に宿泊する。立派な部屋で大理石風呂がある。朝食は、永く会員になっている、古い中国銀行ビル14階の「中国会」The china club で、美味なシューマイやお粥を楽しむ。

ヨーロッパの機内誌仲間との共同事業として発足した、ダイアモンド・トレンド会社（ＤＴＬ）は、イギリスのボブ、オランダのマイクの転勤により有名無実となって、何もしないまま解散になってしまった。不動産も売却したし、本当に無駄なことをしたものだ。責任はすべて社長のぼくにある。ここ香港でソリシターに頼んで休眠会社にしてもらった。世の中には思うようにゆかないこともある。この香港出張の前日より、痛風の発作があり、右足がひどくはれていて靴が履けなかった。それで革ぞうりで出かけたのだが、銀行や法律事務所に行く時だけ無理をして靴をはき、タクシーで往復した。ショッピングでは革ぞうり姿で、口髭のぼくは殆んど入口で入場を断られてしまって買物も充分にできなかったのである。しかし後半になって、ワンチャイのグランド・ハイヤット・ホテルにある有名な「シャンパンバー」で、好みのボランジェを数杯あけると、不思議に痛風の痛みは軽くなった。シャンパンは良く効くのだ（？）。

4月1日、関空（KIX）発11時、AF291の直行便でパリ（CDG）16時着。大柄な美人アテンダントの粋なサービスで赤ワインを飲み過ぎた。エトワール凱旋門から放射状に伸びる大通りの一つ、オッシュ通りを少し入った、日本大使館近くの高級ホテル、ロワイヤル・モンソーにチェックインする。ここで明日からエールフランス機内誌「アトラス」のセールス・ミーティングがある。4月に入ったとはいえ、風は冷たく、まだ春は遠いが、樹木には緑の芽生えがみられて、希望の候である。

2日、AFのセールス・ミーティングが、RCI（リジークルブ）の主催で始まった。司会はインフライト界の重鎮ミッシェル・デボスだ。

ＡＦ機内誌担当マリー・フランソワ・ビジェール、ＡＦＴＶ担当フィリップ・ヒロナン、ＡＦ「マダム」誌担当キャロライン・ポアの他、各国レップから、スイス（ＩＭＭ）のマルセル・ウェンリ、イタリア（ＲＣＩイタリー）のルチア・カルーチ、その他ドイツ代表、スカンジナビア代表などが列席していた。昼食は、ホテル内ベルサイユの間で、いいブルゴーニュ・ワインを選んでやった（ミッシェルがワイン選びをぼくに指名する、いつものように）。

東京シティ・クラブCCTの姉妹クラブ「サン・ジャム」（パリ）にて

午後は、ＡＦの今後の方針や、インフライト・ビジネス全般の動向など、スライド映写で説明・解説などあった。

夕食会は、世界的に著名なシャンゼリーゼの「ＬＩＤＯ」キャバレーでのディナー・ショウ。華麗な空中ショーを楽しむ。シャンパンの飲み放題なので、またまた痛風発作が心配だ。

3日、セールス・ミーティングの二日目。イギリス・スパファックスのリチャード・スタートンやスペインのレップの報告に続いて、日本レップのぼくもニッポンでのセールスの現況を少し説明した。近年のヨーロッパのインフライト・ビジネス界でイギリスのスパファックスが各地にネットワークを張り強大になりつつある。一方スイス拠点のマルセル率いるIMM(インフライト・メディア・マーケティング)が、フランスのRCIと組み、欧州各地をカバーしている。この二大勢力がヨーロッパの機内誌ビジネスを牽引しているようだ。

日本では、バブル経済崩壊後、少し成長が鈍ってきている。広告費も削減傾向にある。それに大資本をバックに持つ、メディア・バイヤー(メディア・ブローカー)が暗躍し、広告メディア(主に出版社)の広告スペースの買い占めに走っている。これが現実化するとメディア・レップの存在そのものが危うくなるだろう。

ぼくは、シガーもシガレットも80年代にやめてしまったのだが、その後長くパイプ・タバコを愛用してきた。オランダに行くと、本当に旨いパイプ用タバコが売られている。AMSのスキポール空港内で、乗り換え待ちでベンチに座っていると、いい香りが漂ってくる。パイプは吸っている人より、近くの人の方がよりおいしいのだ。

ぼくはめったに新幹線に乗らない（毎週のように通っている大阪・東京間はＪＡＬ便が多い）のだが、一度名古屋に用事があってグリーン車に乗った。窓際にパイプなど置いてトイレに行って帰ってみると隣りに見知らぬ男性が座っている。「このタバコは証紙が貼ってないが、どこで入手しましたか」名刺を見ると税関Ｇメンである。「アムステルダムで買って持って帰って吸っている」というと、「それは個人用でＯＫですが、密輸ルートを探っているので。もしかすると家宅捜索をするかもしれません」と驚かされた。が別段その後は何もない。しかし、もうパイプもやめている。今タバコはいっさい吸わない。

話は変わって、7月17日、お台場の日航ホテルの海の見える宴会場で、「ＪＡＬワイン倶楽部ギンザ」の同窓会・大ワインパーティを挙行した。ＪＡＬの現役パーサー、福田由里先生や、冨永純子先生など20数名が集い、盛大なパーティだった。

9月21日、ぼくは日本ソムリエ協会認定・第一回ワイン・エキスパート資格試験に合格した。全国で39名が合格（ぼくのNoは33番）。60歳以上の合格者は2名のみだった。

10月3日、欧州連合EU委員長ジャック・サンテール氏（元ルクセンブルグ首相）が訪日した。橋本龍太郎首相より招待状が来たので歓迎夕食会に出席する。永田町の首相官邸に50人位の招待客が集まった。ぼくも小さくはない（178センチ）のだが、190センチを超えるサンテール元首相に「よう君か、元気か、今度いつ来るのか」と、見下ろされた。ぼくが大公殿下からシュヴァリエ十字勲章を頂いた時の首相でこれまで二、三度お会いしている。夕食会では、隣席の慶応と京大の教授と前席のフィナンシャル・タイムス日本支社長（イギリス人）らと、なごやかな会話を楽しんだ。

首相官邸での夕食会のワインはすごい。白ワインは、ブルゴーニュ・ルイラトゥール産のバタール・モンラッシェ89、赤ワインはボルドー・ポーリャック村のシャトー・ラフィット86だった。

1997年になると、仕事は減ってきたし、年も取るしで、会社の業務は、マネージャー格の米田君にまかせて、もっぱら、バンクーバーやワイン産地巡りに出かけていた。

かなり前からカナディアン航空の機内誌「カナディアン」の日本代表になっていたのでCPにも搭乗したいと思いながらも、やはりJAL便の利用が多い。そしてまた森田さんに出会った。4月8日、バンクーバー（YVR）発15時5分、JL011で、東京NRT着、翌日16時50分便のビジネス・クラスのチーフ・パーサーが森田早苗さんだった。めったにないことがあるものだ。

6月には、ルクセンブルグ市で、日本の「絵手紙」の展覧会をやりたいという「日本絵手紙協会」を応援してFOLC会員数名と、協会会員30名位でルクセンブルグを訪問する。主催は旅行会社だが、ぼくのLUXの仲間が沢山応援に駆けつけてくれた。オープニング・セレモニーにはぼくの友人ロン・ゴールが司会を、岩崎駐ルクセンブルグ大使が臨席されて挨拶もいただいた。

1998年11月、久し振りでロンドンを訪れたとき、バークレー・スクエアーにあるプレミア出版社を訪問、BA機内誌「ハイライフ」のクレイグ・ウォーラーや、キャロライン女史と歓談する。機内誌だけでなく、機内TV（インフライト・ビデオ）も好調らしい。クレイグが担当のIMB・欧州機内誌連合会の次の総会は、来年になるとのこと。このところ出席者が減少気味で、毎年の会合はない。クレイグがいみじくも言ったのだが「世界でインフライト・ビジネスの専門家（エキスパート）は、どうやらフランスのミッシェル・デボスとぼくイギリスのクレイグ・ウォーラー、そして君、日本のヒロ・サカガミの三人だけだよ」と。お世辞であってもそう思われているなら誠に光栄である。

1999年1月で63歳になったし、男孫も生まれた。二度目の南アフリカを訪問した年である。かなり以前から南ア航空SAAの機内誌「フライング・スプリングボック」を、日本で代表しているが、なかなかビジネスにつながらない。むしろ、ぼくのメディア・レップ・ビジネスの嚆矢となった南アの高級経済誌（週刊）「フィナンシャル・メール」の方が細く長く今も続いている。

4月7日、ルクセンブルグ大公国元首、ジャン大公殿下ご夫妻訪日の際、日本国天皇・皇后両陛下の歓迎晩餐会に招かれた。一介のビジネスマンにとってこれ以上の栄誉はない。誠に感謝、感激であった。会場は赤坂迎賓館である。東京に自家用車のないぼくは、正装して国際自動車のハイヤーを半日借り切って赤坂RHから四谷近くの迎賓館へ向かったのだ。

ある日、KLM・HH誌の広告担当者ジョッピーから受け取った一通の手紙（Eメール）は実に、衝撃的であった。

「セイコーの広告オーダーがやっとロンドンから出ることになった」

しばらくお得意先の事情で中断していたのが、セイコーのヨーロッパの拠点、ロンドン・オフィスから出稿することに決まったようで安心したのだが、その後が良くない。「セイコーの広告出稿は、ゼニス・メディア・ワールドワイドが取り仕切っていて、広告料金は定価の24％引き、レップ手数料は、ロンドン・スパファックスが10％、日本のインターマートは5％となる」と、書かれている。

5％のビジネスとは屈辱的である。一般的にレップ手数料は、10％から20％位、常識的には15％が普通である。

ぼくが、この仕事、メディア・レップのビジネスを辞めようと思ったのは、この時である。同時期、電通海外業務局から呼び出しがあった。その内容はほぼ同じである。ぼくは電通の応接間で直ぐ反応した。

「それじゃ、この仕事はお引き受けできません。お断りします。そして、ぼくはメディア・レップの仕事から引退します」

と、電通の部長に明言した。

思い起こせば、１９７１年、ぼくがＫＬＭ機内誌「ホランド・ヘラルド」の日本代表になった時、最初の広告を戴いたのが電通さん扱いの服部時計店（セイコー）さんであった。それ以後26年間、ＳＥＩＫＯの広告は、毎月欠かさず、年間12回契約で、掲載されてきた。広告料金はすべて料金表（ＣＡＲＤ・ＰＲＩＣＥ）で、請求時はその日の外貨交換レートで計算され、１円たりとも間違いなく入金されていた。またセイコーの広告は、その他のＩＥＬが代表する主要機内誌にもレギュラーで掲載されていて、わが社ＩＥＬにとって最も重要で且つ最高級のお得意先であった。長いセイコーさん（服部時計店）とのお付き合いでのエピソードは枚挙にいとまがないが、海外広告担当者、とくにHさんとはいい関係が続いていた。某広告代理店の営業部長（後の社長）K氏、ニューズウィーク誌日本支社の太田氏とインターマートのぼくとでセイコーHさんを囲む四人会のようなものがあった。信州諏訪にある精工舎の工場見学などさせてもらって、連休を利用して蓼科高原などでゴルフをしたり、前日にはカラオケに興じたり、山小屋風宿舎でざこ寝をしたり、みんな割り勘でいい関係だった。

メディア・バイヤーと称する商社（ゼニスやカラットなど）が介在する時代になり、海外（国際）広告業の営業秩序が乱れてしまったのだから、もう何も言うことはない。

「老兵は消え去るのみ」とは、あのマッカーサー将軍の言葉だが、実感がこもっている。

２０００年3月31日、ぼくは海外広告業から引退し、後任には、後輩の米田修君（同志社の後輩でもある）を指命し、彼はスカイ・ネットなる会社を設立して、インターマートの海外広告部門（メディア・レップ）を全部引き継いだ。その後インターマート（株）は、不動産賃貸業となり会社は細々と存続している。

老兵はその後、「ルクセンブルグ友の会」（ＦＯＬＣ）の解散時、２０１０年5月8日まで日ル両国の民間友好に及ばずながら活動を続けた。ＦＯＬＣの活動期間は30年。

その後は、ニュージーランドなどお気に入りのワイン産地めぐりや、バンクーバーでは、ターミナル・シティ・クラブのタワーホテルを拠点として執筆活動などで過ごした。

バンクーバーから東へ車で2時間ほど走るとラングレーだ。緑の林と草原が拡がる郊外の田園都市で、ぼくが加入しているベルモントＧＣはここにある。このラングレーにある「フライト博物館」（屋外）に、あの懐かしい往年の名機「ＤＣ３」が展示されている。30年以上も前、ぼくが東アフリカのヴィクトリア湖上を飛行したとき搭乗した双発のプロペラ機である。ウガンダのエンテベ空港からケニアのナイロビに帰る便が、突如暴風雨に遭遇し小さな機体のＤＣ３は、真っ暗闇の中、上下左右に大きくゆれ動いたが、30分ほど経って事なきを得た。飛行機はちょっとやそっとで落ちないものだと知ったのだ。それ以後、飛行機に搭乗するのが怖いと思ったことは一度もない。

フライト博物館にある「往年の名機」ダグラスDC−3機

角谷氏と JL 便にてバンクーバーから東京へ

ちなみに、ぼくが愛してやまないヨーロッパの「ルクセンブルグ」と、カナダ西海岸「バンクーバー」と、日本との時差はお互いにほぼ8時間で、地球を三分割していて非常に都合がよい。

例えば、日本の朝の9時は、バンクーバーなど米西海岸地方は夕方5時（前日）で、ナイターなどが始まる時間だ。日本では仕事が終わる夕方5時には、ヨーロッパは朝9時で仕事が始まる。ヨーロッパで仕事が終わる夕方5時には、バンクーバーは朝9時で清々しい一日が始まるのだ。この三つの地球拠点に連絡員を置けば、常時世界の情勢が入手できるのである。ルクセンブルグもバンクーバーも北緯49度にある（ただし日本は35度）。

２０００年10月11日、ルクセンブルグ大公国では、ジャン大公が退位し、アンリ皇太子が大公に就任した。その祝賀晩餐会が、秋篠宮両殿下ご臨席、在日ピエール・グラメニア大使主催で実施され、お台場のグランド・パシフィック・メリディアン・ホテルに１００人が参集した。同席したのは長年の友人で、ヨーロッパとの文化活動を推進されているEU・ジャパンフェスト日本委員会の事務局長古木修治氏だった。

12月7日、恒例の関西日英協会総会が、阪急インターナショナル・ホテルであり、協会会長である阪急電鉄の小林公平会長、ゴマソール駐日英国大使、ボイド副会長、キャンベル博士などと歓談する。

2005年9月30日、ルクセンブルグ中央駅近くのメルキュール・アルファ・ブラスリーに17名が集まり、夕食会が、ルクセンブルグ政府主催で挙行された。日本からFOLC会員7名が参加。政府高官ギー・ドッケンドルフ氏から、FOLC創立25周年記念と、ぼく「ヒロ・サカガミ」のルクセンブルグ訪問50回目が表彰され、記念品が贈呈された。

2010年4月1日、西洋中世史が勉強したくて、74歳で慶應義塾大学（通信教育）文学部史学科に入学し、正科生となった。毎月、東京にいる時は、三田のKEIO図書館に通い少し勉強したが、試験にはついてゆけず、残念ながら2011年3月31日に退学した。西洋中世史の勉強に関しては、同志社大学文学部の井上雅夫教授にもご指導いただいた。

追記

〝インテル会〟

海外広告とは、どんなに楽しい、おもしろい仕事かと、東京赤坂RHのインターマート・ユーロプレス（IEL）に入社したものの、何年か経って自分の将来の希望にそぐわない、と退社した人は沢山いる。それでも、今だにIELが懐かしく、わが故郷の一部だ（？）と、思い出してくれている元社員もいる。その人たちが適宜集まって喋ったり酔っぱらっている会が「インテル会」（ｉｎｔｅｒ Ｋａｉ）である。

第１回“インテル会”

メンバーは固定しない。

初期のインターマートを支えてくれた三島啓三氏（関学出）が病気がちで出席できないのが残念だが、レギュラー・メンバーは、斉藤恵（青学出）、中村拡司（立教出）、湯沢寛（同志社出）の各氏で、何故かキリスト教関係の大学卒が多い。それにIELの顧問格で社友の大先輩、松下泰氏（慶応出）がいる。彼は２０１６年10月で99歳、白寿である（白寿祝いの会は10月13日、横浜で挙行した）。

「白寿祝い」インテル会・獅門酒楼にて

インテル会の第一回会合は、２００７年7月25日、インターマート創立40周年記念日に東京銀座のある飲み屋であった。その時には、レギュラー・メンバーに加えて、かつてロンドンで仕事の仲間だったジェレミー・マークウィック・スミス氏（現在は東京の証券会社勤務）も参加した。その後、一年に数回の会合が続いている。飲み屋の場所は色々で、銀座では、ドイツ・ワイン専門の「ローゼンタール」や「がんこ」一丁目店、「ＪＡＬグローバル・クラブ・センチュリー21（２０１４・３・31閉店）」などだが、横浜在住の松下氏のお膝元、中華街の「獅門酒楼」などにも足を運んでいる。

２０１５年2月の会場は、横浜桜木町駅前のニューオータニ・イン内「ザ・シー」だった。また２０１６年4月には、銀座にある本格的中華料理店「好々亭」と、バー「光琳」に行った。

〝JALロマネ会〟

JALシニアーズ・アカデミー（1988年発足）の分科会として1994年に発足した「ワイン倶楽部ギンザ」の同窓会がロマネ会で、その第一回は1995年9月、「ギンザ・ワイン・ハウス」で行った。その後ロマネ会は延々と続き、いつも10数人のワイン好きが集まっていた。40回以上、このワイン・ハウスが常設会場だったが、建替のためギンザ「麒麟KIRIN」に移った。ここで2009年4月、50回目のロマネ会を開催している。

〝JAL生涯マイル〟

JALマイレージ・バンクの記録（2014・12・20）によれば、ぼくの日本航空の総搭乗マイル数は、約51万マイルで、これは地球約20周、お月様まで1往復になるのだそうだ。よく乗ったものだ。

〝同志社ラグビーファンクラブ（DRFC）〟

過去4回達成しているラグビー大学日本一の復活を期待して、DRFCに入会して久しいが、それは仲々実現しない。近年関東各大学ラグビー部が強力になり、この頃は、06年以降10年間、もう一歩のところでベスト4入りを逃している。04年の准決勝で、早稲田に38—33と惜敗したゲーム（国立競技場）の応援に仕事をほったらかして出かけたのだが、誠に残念な逆転負けだった。遅かれ早かれ必ず日本一の復活はあると信じて疑わないが、今年でも来年でもいいから、早く実現してもらいたいと念願している。

（追記）
今年度は11年振りで準決勝に進出した。東海大に敗れたが、実によくやった。来年度に期待している。

２０１７年1月

インターマート（株）創立50年を記念して

阪上弘仁

阪上弘仁（さかがみ　ひろひと）

1936年　兵庫県生まれ
1959年　同志社大学法学部政治学科卒
海外広告代理店UPS入社
その後、マッキャンエリクソン博報堂、JIAを経て、
1965年　広告代理店神広社国際部入社
1967年　インターマート株式会社設立

1980年　民間友好団体「ルクセンブルグ友の会」創設
1988年　JALシニアーズ・アカデミー第一期生
1992年　ルクセンブルグ大公国シュヴァリエ十字勲章受賞
1996年　日本ソムリエ協会認定「ワイン・エキスパート」第一期資格試験合格

著書
『ビジネスマンの葡萄畑』日本図書刊行会刊　1997年
『旅とワインの悦楽』ファースト出版刊　2000年
『昭和38年の海外旅日記』インターマート刊　2011年

My LOGBOOK 航空日誌
海外広告・機内誌メディア40年の軌跡

平成29年2月1日　初版発行

著者　阪上　弘仁
発行・発売　創英社／三省堂書店
〒101-0051　東京都千代田区神田神保町1-1
三省堂書店ビル8F
Tel：03-3291-2295　Fax：03-3292-7687
印刷／製本　シナノ書籍印刷株式会社

ISBN 978-4-88142-107-9 C0065